ALEXANDER FLUHR
Business Artisten

HF285532

Alexander Fluhr
2006

ALEXANDER FLUHR

Business Artisten

locker und intelligent
Geschäfte machen

Bibliografische Information
Der Deutschen Bibliothek:

Die Deutsche Bibliothek verzeichnet diese
Publikation in der Deutschen National Bibliografie;
detaillierte bibliografische Daten sind im Internet
über http://dnb.ddb.de abrufbar.

Impressum:

© 2006 Alexander Fluhr

Herstellung und Verlag:
Books on Demand GmbH, Norderstedt

ISBN: 3-8334-4902-0

Inhaltsverzeichnis:

Vorwort

Dieses Buch ist von einem Mann geschrieben worden.
Für alle Leserinnen wird es deshalb teilweise
missverständlich und eventuell zu vereinfachend sein.
Mir ist bewusst, dass ich ein beträchtliches Maß an
Übersetzungsarbeit von ihnen erwarten muss, da ich das
selber nicht leisten kann.
Ich bedanke mich deshalb bei allen Leserinnen.
Ich biete Ihnen hoffentlich trotzdem genügend
Ansätze auch für die weibliche Sicht auf die Geschäftswelt.

Im Übrigen glaube ich, dass die Geschäftswelt sowieso
eher weiblicher und menschlicher werden sollte.

Ich gebe zu wir Männer sind manchmal etwas einfach
gestrickt, aber es macht Spaß mit uns zusammen zu
arbeiten und gemeinsam die Welt zu verändern.

Mit der Lektüre dieses Buches wünsche ich viel Spaß.
Es ist manchmal etwas provokant. Einen Hauch von
Anarchie konnte ich ebenfalls nicht ganz unterdrücken.

Falls Sie sich über manches ärgern, das möchte ich gar
nicht verhindern. Wenn Sie in einigen Punkten anderer
Meinung sind wie ich, ist das, denke ich ein gutes Zeichen,
sowohl für Sie als auch für mich.

Bedanken möchte ich mich an dieser Stelle
ausdrücklich bei allen meinen Kunden, Freunden und
Bekannten, die das Material für dieses Buch geliefert
haben.
Bedanken möchte ich mich bei ihnen auch deshalb,
weil es mein Leben bereichert und lebenswert macht, mit
ihnen zusammen zu arbeiten und zusammen zu sein.

Meine Frau Gisela und meine Kinder Meret und Benedikt sind Basis und Rückhalt, ohne die ich nicht zum Business Artisten hätte werden können. Sie haben es mir ermöglicht zu experimentieren und zu testen, sie waren meine Trainingspartner und Versuchskaninchen.

Sie sind der innerste Zirkel meiner Berater, auf die ich mich blind verlassen kann.

Die Zusammenarbeit mit meinem Bruder Sylvester, der das ArtSelling-Verkaufsmodell entsprungen ist, war einer der Meilensteine für die Entstehung des Business Artisten. Auf der artistischen Seite war es die Zusammenarbeit mit meinen *beiden* Brüdern Sylvester und Gregor, die es mir möglich gemacht hat, die Seite des Artisten, des Entertainers wieder zu entdecken und auszuleben.

Meinem Coach Martin Sage, dem ich die wertvolle Ausbildung zum Business Coach zu verdanken habe, möchte ich ebenfalls danken. Ohne diese Ausbildung wäre wahrscheinlich ein Großteil meiner Fähigkeiten verschüttet geblieben und nie zum Vorschein gekommen.

Allen, die mir widersprochen haben, die mich ins Messer haben laufen lassen, die mich verletzt haben, die mich haben scheitern lassen, möchte ich auf diesem Weg ausdrücklich ebenfalls danken. Sie haben einen beträchtlichen Anteil daran, dass es mir möglich war, den Business Artisten zu entdecken und zu entwickeln.

Allen Lesern danke ich im Voraus für ihr Vertrauen, sich auf dieses Machwerk einzulassen und die Bereitschaft sich mit meinen Gedanken auseinanderzusetzen.

„Mit mutigen Menschen das Leben genießen"

getreu diesem Motto wünsche ich uns allen viel Spaß,

Ihr Alexander Fluhr

im März 2006

Dieses Buch wurde geschrieben in Austin, Corpus Christi, New York, Stuttgart, Frankfurt, und dazwischen.

Coaching

Business Artisten lassen sich coachen.
Coaching ist in,
manche sind stolz darauf gecoacht zu werden. In
Deutschland ist es aber immer noch gefährlich zuzugeben,
dass man etwas nicht alleine hinkriegt, deshalb ist es für
viele schwierig sich coachen zu lassen. Und es ist kaum
möglich dies als Stärke zu werten.
Coaching ist nicht Helfen. Coaching ist die notwendige
Sicht von außen, deshalb ist es sehr klug sich coachen zu
lassen. Wenn jemand die Bereitschaft aufbringt sich
coachen zu lassen, verdient er meine Anerkennung.
Das zeigt einem Business Artisten, hier ist jemand auf
dem Spielfeld. Diese Person hat etwas zu verlieren.

Ohne Coaching wäre ich nie ein Business Artist
geworden. Verschiedene Coaches haben mir im Laufe
meiner verschiedenen Karrieren immer wieder aufgezeigt,
wer ich wirklich bin. Wenn ich einmal wieder in das
Jammertal des hart arbeitenden Künstlers, der sich
aufopfert für die Gesellschaft und für die Kunst,
abgetaucht war, waren Menschen da, die mich daran
erinnerten, dass das Leben lebenswert sein muss.
Schicht um Schicht konnte so mit der Zeit mein
wahres Selbst freigelegt werden. Und was kam immer
wieder heraus? Das Urmodell des Business Artisten. Ein
Mensch, der mit mutigen Menschen das Leben genießt.

9 Coaching

Coaching gab es schon immer.
Es war der Rat, aber noch viel mehr der Zuspruch der
Älteren für die Jüngeren. Die Ältesten schickten die
Jungen vor, um ihnen Lektionen des Lebens zu erteilen.
Das Leben an sich übernimmt die Ausbildung. Die Ältesten
mussten nur aufpassen und mit ihrer Weisheit den
Überblick bewahren, um in aller Ruhe die Richtung
vorzugeben. Die Ältesten mussten nicht mehr die Dinge
ausführen oder in Aktion gehen.
Das war Aufgabe der Jungen.

Was ist Coaching heute?
Eine meiner liebsten Definitionen heißt: Coaching sorgt
dafür, dass die Energie steigt.
Wenn eine Interaktion stattgefunden hat, aber kein
Zuwachs an Energie zu spüren oder zu sehen ist, war es
kein Coaching. Meist war es dann ein Ratschlag,
Besserwisserei oder etwas Vergleichbares.
Coaching gelingt dann, wenn überflüssiges Wissen
ausgeschaltet wird.
Ein Coach weiß nichts, er beobachtet und gibt
Rückmeldung.
Der Coach vermittelt dem Kunden, was er beobachtet,
auf eine Art und Weise, dass der Kunde sich erkennen
kann. Dass er sich wieder mit seiner inneren Genialität
verbinden kann.
Wir tragen alle Genialität in uns, sind aber nicht fähig
diese in uns zu sehen. Dafür brauchen wir andere, die uns
verpflichtet sind und uns deshalb immer wieder an unsere
Genialität erinnern. Deshalb ist es notwendig, dass bei
Coaching Geld fließt. Die Höhe der Bezahlung erzeugt den
Grad an Verpflichtung. Das ist wie ein einfaches
Naturgesetz.
Deshalb investieren Sie in gutes Coaching, das lohnt
immer. Sinnvoll ist es, einen gewissen Etat für Coaching
anzulegen.

Business Artisten sind nicht perfekt

So wie unser Computer regelmäßig ein Update und ein Resetting braucht, so brauchen wir dies auch. Abgesehen von Katastrophen sorgt gutes Coaching für eine Änderung der Sichtweisen, die unser Leben prägen. Katastrophen sind eindeutig teurer und lassen sich meist nicht so effektiv nutzen.

Eine gewisse Grundausbildung als Coach tut jedem Business Artisten gut. Der Einblick, den wir als Coach in das Leben anderer bekommen, schult uns auf perfekte Art und Weise im Umgang mit Menschen.

Der gekonnte Umgang mit Menschen, die Kenntnis des Menschseins und die Fähigkeit andere Menschen zu verstehen, das sind Qualitäten, die für den geschäftlichen Erfolg nicht hoch genug eingeschätzt werden können.

Die Fähigkeit des Beobachtens wird durch Coaching hervorragend geschult.

Sie ermöglicht es mir jederzeit, mit der Realität, die mich umgibt, in Kontakt zu kommen. Es ist absolut wichtig, die eigentliche Realität von allen Meinungen, Sorgen und Interpretationen *über* die Realität zu unterscheiden.

Denn bleibenden Erfolg kann ich nur in der Realität und in der Verbindung mit anderen Menschen erreichen.

Alles andere bleibt Vorstellung, Hoffnung, Traum. Ein guter Unternehmer ist also immer auch ein guter Coach. Die Neugier auf andere Menschen kann zu echter Verbundenheit und guter Zusammenarbeit führen.

Partnerschaften, Kooperationen und strategische Zusammenschlüsse können daraus entstehen.

Es ist mutig sich coachen zu lassen, denn es erfordert die Bereitschaft sein Wissen und seine Glaubenssätze in Frage zu stellen. Nur das aber ermöglicht echte Innovationen. Und nur echte Innovationen sorgen für Erfolg mit Abwechslung und Spaß.

Verbindet sich meine eigene Genialität mit vorhandenem Wissen und Erfahrung in ungeahnter Art und Weise, dann ist für mich Innovation möglich.

Diese Innovation sorgt gleichzeitig auch dafür, dass ich authentisch bin, weil ich meine Stärken lebe.

Diese Tatsache passt in idealer Weise zu meinen Erkenntnissen über natürliches Marketing.

Wie kann gutes Coaching von schlichter Beratung oder auch Scharlatanerie unterschieden werden?

Durch Zertifikate, Kontrolle und schulische Ausbildungen bestimmt nicht. Gutes Coaching lässt sich nicht auf bestimmtes Können und bestimmte Handlungen festlegen. Das einzige Kriterium kann der Anstieg von Energie sein.

Schaffen Sie es die Energie der Menschen um Sie herum ansteigen zu lassen, so sind Sie ein Coach.

Eine hoch entwickelte Intuition zeichnet sowohl den Business Artisten als auch den guten Coach aus.

Die Intuition wird durch das Leben als Genussmensch gestärkt. Der körperliche und sinnliche Genuss stärkt sämtliche Verbindungen in das Innere des Körpers und setzt damit die allmächtige Dominanz des Verstandes außer Kraft. Business Artisten glauben an sich

Die starke Verbindung zur inneren körperlichen Genialität stärkt die Kraft und die Sicherheit im Gebrauch der Intuition.

Eine gutartige Eigenliebe entsteht, die die beste Grundlage für eine allgemeingültige und starke Menschenliebe bildet.

Business Artisten lieben Menschen über alles, und wenn es auch nur heimlich ist.

Deshalb tut es ihnen gut sich coachen zu lassen oder auch andere zu coachen.

Einkaufen

„Kauf dir was Schönes, *das* ist deine Altersversorgung."

Ein Freund berichtete mir neulich von folgendem Ehestreit:

> „Meine Frau Antonia war wieder einmal in der Stimmung, in die sie immer wieder kommt, seit sie nicht mehr ein regelmäßiges gesichertes Einkommen bezieht.
>
> Nach dem sie sich Sorgen über die Altervorsorge, über die nächsten Einnahmen und über ihre eigene Unfähigkeit Geld zu verdienen gemacht hatte, war ihre Stimmung einmal wieder am Tiefpunkt angelangt.
>
> Nach mehreren Versuchen ihr etwas Selbstvertrauen einzuflößen, sie zum Beispiel daran zu erinnern, dass wir es bis jetzt, inklusive zweier fast erwachsener Kinder, geschafft hatten, und nach anderen vernünftigen, logischen Erklärungen ist mir der Kragen geplatzt.
>
> Alles worauf ich stolz war, hat nicht gezählt. Jede noch so logische Erklärung konnte ihrer Scharfsinnigkeit nicht widerstehen und wurde innerhalb von Sekunden in der Luft zerrissen.
>
> In diesem Moment entfuhr mir der Satz:
>
> „Kauf dir was Schönes, *das* ist deine Alterversorgung"
>
> Dieser Satz veränderte auf einen Schlag die gesamte Situation.
>
> Sie musste lachen, war inspiriert und war von meiner überraschenden Einsicht überrumpelt.

Handschriftliche Notiz links (vertikal): BusinessArtisten vergessen Geburtstage

Handschriftliche Notiz rechts (vertikal): Das Leben mit einem Business Artisten ist gefährlich

Nachdem dieser Satz eine solche Wirkung entfaltet hatte, war für mich natürlich die Frage, was steckt dahinter?

Welche Einsicht verbirgt sich hinter diesem Satz? Typisch war, dass der Satz aus dem Nichts heraus aufgetaucht war.

Die Erkenntnis war: *Business Artisten bringen ihre Umgebung zum Strahlen*

Ihr Spaß, ihre Lebensfreude, das was sie jetzt im Moment genießt und entfaltet, das ist das, was die Zukunft sichert.

Das Geld, das sie jetzt ausgibt, fehlt nicht für die Zukunft, nein, ganz im Gegenteil, es vervielfacht sich dadurch, dass sie es sich jetzt gut gehen lässt.

Das ist die einzige wirkliche Sicherheit, die wir bekommen können.

Das, was wir jetzt im Moment tun, bestimmt die Zukunft und nicht Rezepte, Methoden, Strategien und Konzepte.

Ich kann jetzt dafür sorgen, dass ich etwas von dem bekomme, was ich mir wünsche, wonach ich mich sehne.

Interessanterweise konnte Antonia aber alleine nicht bemerken, was sie im Moment eigentlich wollte.

Die Sehnsucht nach mehr Spaß und Luxus hatte den Ärger ausgelöst.

Der Impuls musste von außen kommen. Durch meine Reaktion war es für sie möglich, diese Sehnsucht zu entdecken."

Andreas konnte ich nur zu seiner Einsicht gratulieren und mich bei seiner Frau für den berechtigten Ärger, den sie hatte, bedanken.

Von beiden holte ich mir sofort die Erlaubnis diese Geschichte zu erzählen.

Sie illustriert sehr schön, weshalb wir Menschen Gemeinschaftswesen sind. Ohne Impulse von außen, alleine auf unseren mehr oder weniger trainierten Verstand angewiesen, wären wir aufgeschmissen.

Außerdem zeigt die Geschichte einmal mehr, wie wichtig uns das eigene Wohlbefinden ist, wie wenig wir das aber oft bemerken und wie wenig wir gelernt haben, darauf zu reagieren.

Mein Wohlbefinden gibt mir die Kraft, etwas von Wert zu erzeugen, so dass Mehrwert entsteht, was mir jetzt zugute kommt. Indem ich erneut für mein Wohlbefinden sorgen kann, erzeuge ich wieder Kraft, Zuversicht und Energie. Und so weiter und so fort.

Achtung:

Persönliches Statement (politisch und moralisch unkorrekter Inhalt):

Wozu Altersvorsorge?

Wenn ich immer für mein Wohlbefinden sorgen kann, gibt es kein Alter, vor dem ich Angst haben oder für das ich Geld zur Seite bringen müsste. Wenn ich nicht mehr durch körperliche Aktivität Mehrwert erzeugen kann, werde ich es geistig tun. Wenn das auch nicht mehr geht, werde ich ganz einfach sterben. Es wird keinen Grund mehr geben zu leben.

Also, warum soll ich dafür sorgen, dass ich keinen Mehrwert mehr erzeugen muss, weil ich genügend Geld auf der Seite habe? Das kommt einem Selbstmordversuch gleich.

Aus Langeweile würde ich depressiv und krank werden und hätte hoffentlich wenigstens noch die Kraft mich selbst aus der Welt zu schaffen.

Deshalb lieber Genuss und Vergnügen mein Leben lang, statt einer Altersvorsorge, die mich jetzt knebelt und später träge macht."

16 Einkaufen

ERLEBNIS

Der Markt hat sich in zwei völlig unterschiedliche Bereiche aufgeteilt:

In den Massenmarkt der Billiganbieter wie Lidl, Aldi, McDonalds und Co. und den exklusiven High End Markt der teuren Luxusmarken und der kundenorientierten Dienstleistungen.

Dieser High End Markt befindet sich in seiner Entwicklung zwischen Service Economy und Experience Economy.

Der Kunde bezahlt nicht die Zeit, sondern das Ergebnis. Bei Produkten entsteht der Wert nicht mehr durch Arbeitsaufwand und Qualität der Arbeit. Denn die Produktion können Maschinen und Computer, die im Vergleich zur menschlichen Arbeit fast nichts kosten, mehr und mehr übernehmen.

Wer in diesem Markt überleben will, muss Erlebnisse bieten, egal ob er Produkte oder Dienstleistungen verkauft.

Der Wert wird bestimmt vom Erlebnisgehalt des Produktes und dem Erlebnisgehalt der Interaktion zwischen Verkäufer/Berater und Kunde.

Bei Dienstleistungen wird immer weniger die Zeit bezahlt oder die Qualität an sich, sondern mehr und mehr die Qualität der Veränderung, die die Dienstleistung im Leben des Kunden bewirkt. Eine kurze, aber prägnante, effiziente Beratung ist wertvoller, als eine ausführliche lange. Das Erlebnis zählt mehr und mehr.

Ein tolles Erlebnis bereichert mich mehr und nachhaltiger, als ein gutes Produkt, das nach kurzer Zeit nicht mehr auffällt.

Eine gute, professionelle Beratung begeistert mich nicht wirklich und ist deshalb lange nicht so wirksam wie eine überraschende, fesselnde Beratung, die mich in Atem hält und als Erlebnis unvergesslich bleibt.

Anton, ein ausgebuffter Topverkäufer in der Versicherungsbranche, erzählt mir dazu folgendes Erlebnis:

„Zur Hochzeit haben wir diese außergewöhnlichen Wunder wirkenden Kochtöpfe geschenkt bekommen, die es nur über Direktvertrieb zu kaufen gibt.

Der zuständige Vertreter meldete sich nach Jahren zum ersten Mal und ich machte mit ihm einen Termin aus, bei dem er die neuesten Produkte vorführen wollte. Ein gepflegter Herr mittleren Alters, gut gekleidet, stand zum vereinbarten Zeitpunkt an der Wohnungstür.

Er machte alles richtig. Das Klavier z.B. veranlasste ihn zu erzählen, dass seine Tochter auch Klavier spiele. So versuchte er eine persönliche Beziehung aufzubauen.

Das Ganze war gut geübt bis hin zur Präsentation der neuesten Produkte.

Die angeforderten Ersatzteile händigte er mir gratis aus, der Service war also perfekt.

Was mir aber fehlte, war seine Persönlichkeit und seine eigene Begeisterung, stattdessen präsentierte er mir perfekte, seriöse Routine. Nach kurzer Zeit war ich schon gelangweilt und hatte keine Lust irgendetwas genauer zu betrachten, geschweige denn etwas zu bestellen. Ich war froh als er endlich ging.“

Bei Antons Erlebnis wird deutlich, der Service war in Ordnung, aber das alleine reicht nicht, mehr wenn ich Menschen erreichen möchte.

Service ist nur noch die Grundlage, aber was ist es, was mich oder mein Produkt unvergesslich, unwiderstehlich macht?

Wie erzeuge ich unvergessliche Erlebnisse?

Was macht die Arbeit mit mir unvergesslich oder meine Produkte unwiderstehlich?

Ich muss unerhört persönlich werden.
Das heißt, aber ich muss mutig genug sein, den Menschen zu nahe zu treten.
Erst wenn es persönlich wird, wird es spannend. Was wir eigentlich suchen und wollen, ist, von anderen Menschen persönlich berührt zu werden. Dafür sind wir bereit, wirklich etwas herzugeben.
Was ich nicht will, ist professionelle Distanz, die brauche ich nur bei einer Interaktion, die unangenehm und unsicher ist. Genau das ist es aber, was ich verhindern muss.
Im Gegenteil, meine Aufgabe ist es für Intimität und Nähe zu sorgen. Dann kann etwas Zwischenmenschliches von Wert entstehen.

Deshalb, Authentizität statt Professionalität.

Professionalität in Form von Zuverlässigkeit und Klarheit ist natürlich die Grundlage, auf die ich nie verzichten werde.
Aber dann muss sofort Authentizität dazu kommen sonst schwindet jegliche Anziehung. Die Energie von Anziehung und Neugier, sorgt für den Klebstoff zwischen den Menschen, der die Verbindung aufrecht erhält.
Sobald die Neugier aus der Beziehung verschwindet, wird die Verbindung brüchig. Wenn Projekte oder auch Beziehungen zu gut funktionieren, schwindet die Neugier und das Ende ist nahe.
Deshalb scheitern Projekte oft dann, wenn sie am besten funktionieren.

BusinessArtisten lachen manchmal zu laut

Beziehungen, Partnerschaften werden langweilig und können oft nur noch durch ungewollten Ärger, der wieder Spannung und Energie in die Beziehung bringt, überleben. Dieser Ärger kann dann zum heimlichen Motor werden, was natürlich auch nicht unbedingt das Ziel einer Beziehung sein sollte.

Das Echte, Unverfälschte sorgt für Erlebnisse.

Erlebnisse entstehen, wenn Menschen authentisch und ehrlich aufeinander treffen.
Das Ergebnis kann Anziehung oder Abstoßung sein.
Deshalb tun wir uns so schwer hier ins Risiko zu gehen.
Klar ist aber, wenn ich nicht ins Risiko gehe, habe ich schon von verloren, weil es gar nicht zu einem echten Erlebnis kommt. Mittelmäßigkeit ist das Ergebnis, das niemand will und auch niemanden glücklich macht.

Infusion statt Attraktion

Ich möchte nicht nur angezogen werden, nein, ich möchte die Infusion, nicht nur die oberflächliche Berührung.
Verlangt ein Baby durch seine Blicke und Gesten grenzenlose Liebe oder macht es deutlich:
„bitte nicht zu viel, es könnte mir schaden" ?
Wir sind immer noch wie Babys, trauen uns nur nicht es auszudrücken.
Aber unsere Wünsche und Bedürfnisse sind immer noch dieselben.
Wir wollen die Mittelmäßigkeit, die uns umgibt vergessen und im Erlebnis aufgehen wie in einem guten Film.

Ich sitze gebannt im Kino bis zum Schluss und gehe höchst befriedigt nach Hause. Innerhalb einer kurzen Zeit habe ich dramatische Wendungen erlebt, Spannung ausgehalten, gelacht und geweint.
Die Bewegung, die Bilder, der Sound, die Geschichte, diese Symphonie der Genüsse zieht mich hinein und lässt mich alles andere vergessen. Ich will beteiligt werden.

Magie statt Information

Information bekomme ich an jeder Ecke. Information ist langweilig und nervend. Die Informationsflut erstickt uns.

Wir haben alle eine ausgewachsene Allergie gegen Information und tun nur so, als ob sie uns befriedigen würde oder als ob Information wichtig für uns wäre, weil wir es so in der Schule gelernt haben.

Das meiste was uns in der Schule offeriert wurde, war Information, nicht Magie.

Erinnern Sie sich noch an magische Momente in ihrem Leben? Diese prägen sich ein. Die Magie fasziniert uns. Sie macht den Unterschied.

Wie können Sie Magie erzeugen? Sicher nicht durch Information.

Rätsel, Geheimnisse, spannende Geschichten erzeugen Magie. Es gibt nichts Langweiligeres als pure Transparenz. Die Zweideutigkeit, Undurchsichtigkeit, die Überraschung, das Unerwartete, das Unerhörte erzeugen Magie.

Das Geheimnisvolle, Magische zieht uns viel stärker an und hält uns bei der Stange. Ich brauche nichts zu verstehen. Ich will nicht informiert werden. Im Gegenteil, mich fasziniert das Unerklärliche viel mehr. Menschen sind eines der größten Geheimnisse die es gibt. Sind sie magisch, geheimnisvoll erliegen wir ihren Reizen viel eher, als wenn alles offensichtlich ist.

Lockt uns jemand mit einem Geheimnis, sind wir
bereit einiges zu riskieren oder auch viel zu bezahlen, um
hinter das Geheimnis zu kommen.

Bleibt das Geheimnis und die Magie erhalten, so bleibt
auch die Verbindung bestehen.

Erotik statt Ästhetik

Sex ist die große Kraft, die hinter den meisten unserer
Aktionen steht.

Erotik ist die Emotion, die von dieser Kraft gespeist wird.

Ohne Erotik läuft nichts. Ästhetik ohne Erotik bleibt
langweilig und lässt uns kalt. Wir sind nicht bereit, dafür
besonderes zu leisten oder auch viel Geld auszugeben.

Ästhetik birgt immer die Gefahr, zuviel Kälte
und Distanz entstehen zu lassen. Wenn etwas
jungfräuliche Reinheit ausstrahlt, wird es unberührbar,
das heißt auf Dauer langweilig.

Ein sinnliches Erlebnis ist es, was wir in Wirklichkeit
wollen. Ästhetik alleine zieht nicht mehr.

Was ist es, was ein erotisches von einem schönen Auto
unterscheidet? Die Erotik weckt meine Sinne, und zwar
die tiefsten animalischen Sinne. Diese sind die stärksten
wirksamen Motoren, die fast ausschließlich unser Handeln
bestimmen. Das meiste davon passiert unbewusst.

Unser Verstand liefert, nachdem eine Entscheidung
auf der animalischen Ebene bereits gefallen ist, eine
vernünftige, politisch und moralisch korrekte Erklärung.
Je mehr unsere Sinne stimuliert werden, umso
vollständiger, zufriedener und glücklicher sind wir.

Professionalität alter Schule aber ist ganz auf Distanz angelegt.

Sie ist langweilig und öde.

Aus Sie muss Du werden.

Wir wollen eintauchen können, beteiligt werden.

Wir wollen verzaubert, überrascht und berührt werden.

Das macht uns zu Fans. Wir wollen nicht Kunden sein, wir wollen Fans sein.

Überraschung statt Aufklärung

Aufklärung ist für eine dauerhafte Kundenbindung oder auch eine persönliche Verbindung schädlicher, als wir normalerweise denken.

Aufklärung und Transparenz sind die Erlebniskiller Nummer 1.

Was uns viel mehr unterhält und in Bann zieht, ist die Überraschung.

Gelingt es uns unsere Kunden und Freunde immer wieder zu überraschen, bleiben sie uns treu. Die

Überraschung kann ich nicht einfach kaufen und nicht berechnen, sie kann immer auch schief gehen.

Sie birgt also ein gewisses Risiko in sich. Genau dies erzeugt aber Bewunderung.

Risikobereitschaft ist eine der am meisten bewunderten Fähigkeiten, die uns Sympathie und Anerkennung einbringt. Menschen, die überraschen, stehen immer im Zentrum der Aufmerksamkeit.

GELD

Geldmangel/ Geld im Überfluss

Es wird immer wieder vorkommen, dass das Geld ausgeht, dass es zu wenig ist, oder dass Wünsche nicht erfüllt werden können.

Die Vorstellung, dass irgendwann einmal genügend Geld vorhanden ist, so dass dies nicht mehr passieren kann, ist Märchen, Romantik, Phantasie.

Erfunden um uns ruhig zu stellen. Damit sind wir manipulierbar.

Man kann uns und unser Bedürfnis nach Sicherheit ausnutzen, indem man uns mit Geld besticht, um unsere Lebenszeit und Schaffenskraft zu bekommen und für Fremdinteressen auszunutzen.

Für wen arbeiten Sie eigentlich? Wer bekommt die Früchte Ihrer Arbeit? Wenn Sie ein Problem lösen, wer hat den Gewinn?

Bis zu meinem zwanzigsten Lebensjahr habe ich mein Leben unter dem Leitsatz „Alles wird gut" gelebt.

Meine Zukunft, mein Beruf, alles war davon geprägt, dass eine geheimnisvolle Macht dafür sorgt dass alles gut wird.

Aufgewacht aus dem Schlaf des blinden Vertrauens, aus der Vorstellung, dass irgendjemand im Notfall einspringt, bin ich erst dadurch, dass meine Freundin schwanger wurde und eindeutig ich dafür verantwortlich war.

Diese größte Panne in meinem Leben war meine Rettung. Ich bin aufgewacht, weil diese geheimnisvolle Macht eben nicht mehr da war.

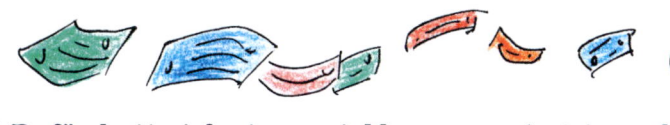

Dafür hatte ich etwas viel besseres eingetauscht:
die Verantwortung.
In diesem Moment konnte ich endlich die
Verantwortung für mein Leben übernehmen.
Gleichzeitig musste ich für meine junge Familie sorgen.

Nach jahrelanger Erfahrung als Selbständiger mit
erschwerten Startbedingungen kann ich folgendes sagen:

Geld ist Energie.

Damit diese Energie fließen kann, braucht es eine Pumpe,
vergleichbar mit einem Herzen.

Der Unternehmer ist das Herz. Wenn das Geld
wegfließt, heißt das ganz einfach, das Herz zieht sich
zusammen. Alles wird eng, man muss haushalten, bis
wieder Geld in Fülle kommt.

Dann dehnt sich das Herz wieder aus. Geld kann
wieder ausgegeben werden.

So entsteht die notwendige Pumpbewegung, die den
Geldfluss in Bewegung hält.

Es geht nicht, dass das Herz sich ständig ausdehnt,
also dass immer mehr Geld kommt und Geld im Überfluss
vorhanden ist. Diese anhaltende Expansion würde den
Geldfluss stoppen und die Pumpe zum Platzen bringen.

So funktioniert das System eben nicht, auch wenn wir
es gerne so hätten.

Unternehmer sind am Anfang schwache, untrainierte
Geldherzen. Mit der Zeit werden sie stärker und größer.
Sie können dann mehr und mehr Geld bewegen.

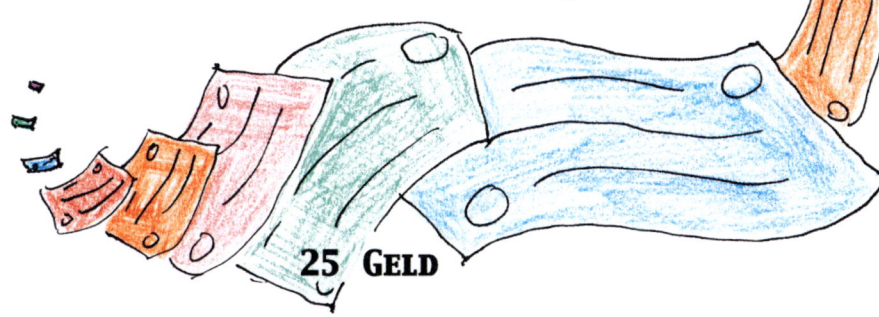

Durch Manipulation und Vorspiegelung falscher Tatsachen wird nicht nur die Umgebung getäuscht, sondern auch das eigene Geldherz gedopt, was nur kurzfristig Erfolg bringen kann.

Es führt sehr schnell zum Erschlaffen des Herzmuskels. Halten Sie das Geld aus Angst zurück, wird der Herzmuskel verkrampfen und erstarren.

Coaching und Training können das verhindern.

Beides hilft wieder in den Rhythmus zu kommen und Vertrauen in die eigene Geldpumpe zu bekommen.

Jeder hat seine eigene Herzfrequenz, seinen eigenen Rhythmus des Geldmangels und des Geldüberflusses.

Entspannung und Lebensfreude, egal in welcher Situation das Unternehmen sich befindet (Kontraktion oder Expansion), halten den Muskel geschmeidig und fit.

Business Artisten lieben deshalb dieses Spiel von Kontraktion und Expansion.

Die Kunst des Unternehmers besteht darin, sich auch an der Geldknappheit zu freuen und sie zu genießen.

Ein gesunder Erfolg wird immer auch von Misserfolgen begleitet, sonst würde das ganze System erlahmen.

Der Reiz der Innovation darf trotzdem nie verloren gehen.

Wir sind keine Maschinen, die nur Öl und Treibstoff brauchen. Wir brauchen den täglichen Kick, die Unterhaltung, die Spannung zwischen Langeweile und Überbeanspruchung.

Persönliches Statement (Nur bedingt zur Nachahmung empfohlen):

Das Geld muss weg!

Geld auf dem Konto macht mich träge,
kurze Zeit gibt es mir Sicherheit,
wenn ich es dann aber nicht mit viel Spaß ausgebe,
langweilt es mich.
Erst wenn es weg ist, werde ich wieder aktiv.
Ausgeben macht mir viel Spaß, aber viel spannender ist es
das nächste Geld zu verdienen.
Wenn möglich mit noch mehr Spaß und einem noch
größeren Spiel.

Fazit:

Alles fließt „Go with the flow".

Der Geldfluss muss durch mich hindurchfließen, nicht bei mir stoppen.

Mein Spiel muss laufen, dann ziehe ich Kunden an. Mehr Kunden bedeutet ein größeres Spiel. Jedes Spiel kann ein noch größeres Spiel nach sich ziehen. Lieber ein zu großes Spiel mit Desaster, als ein zu kleines Spiel mit Langeweile. Das Desaster ist immer noch besser, als die Langeweile. Desaster mobilisieren neue Kräfte und erzeugen aus purem Überlebenswillen die stärksten Kreationen.

Praxisbeispiel:

Peter will mit einem neuen Produkt auf den Markt.

Die Entwicklung des Produktes fordert seine volle Aufmerksamkeit. Deshalb kann er kein Geld durch andere Projekte verdienen.

27 GELD

Rechnungen sind unbezahlt liegen geblieben. Wenn er nicht innerhalb des nächsten Monats 10 000 € verdient, kann er nur noch Bankrott anmelden.

Sein Produkt wird noch nicht marktreif sein. Er hat nicht genügend Geld um es herzustellen. Banken geben in diesem Fall keinen Kredit.

Peter als Selbständiger ohne jegliche Sicherheiten ist auf sich alleine gestellt.

Wer könnte ihm Geld leihen für wie lange?

Für ihn gibt es nur einen Weg, er macht aus der ganzen Sache ein gutes Geschäft.

Seine Idee:

Für 10 000 € bekommt der Geldgeber jedes Vierteljahr, in dem das Geld noch nicht zurückbezahlt ist, 500 €. Peter muss also jeden Monat ca. 166 € auftreiben, bis er die 10 000 € zurückbezahlen kann. Das muss er solange durchhalten, bis er mit der Vermarktung des Produkts genug Geld verdient, um damit das Darlehen zurückzahlen zu können.

Einer seiner Kunden steigt begeistert auf das Geschäft ein.

Er spürt das Vertrauen, das Peter in sein Produkt und in seine Fähigkeit das Produkt zu vermarkten hat.

Er reagiert ganz anders, als normale Darlehensgeber; er möchte das Geld so spät wie möglich zurück. Er will vierteljährlich 500 € einnehmen.

Peters Innovation bezieht sich also nicht nur auf sein neues Produkt, sondern auch auf die Fähigkeit Geld aufzutreiben und einen Geschäftspartner (Geldgeber) zu begeistern und einzubinden.

Eine Innovation zieht die nächste nach sich. Das drohende finanzielle Desaster erzeugt eine neue Komponente in Peters Geschäft. Er hat ein System, mit dem er Teilhaber gewinnen kann, entwickelt.

Statt Geld zu sparen, um möglichst heil aus der Angelegenheit herauszukommen, ist er bereit weiter ins Risiko zu gehen und eine erneute monatliche Ausgabe auf sich zu nehmen, um letztendlich den Sprung auf die nächste Umsatzebene zu schaffen.

Statt Geld sparen, Geld ausgeben. Geld will fließen, egal in welche Richtung und zu wem. Wenn wir es nicht schaffen es anzuziehen müssen wir es abstoßen, sonst entsteht kein Fluss.

Geld abzusaugen und zu deponieren sorgt nur für Blockade.

Die Anbindung an den Geldfluss gibt mir Steuermöglichkeiten und erlaubt es mir, diese enorme Macht für meine Interessen mit zu nutzen.

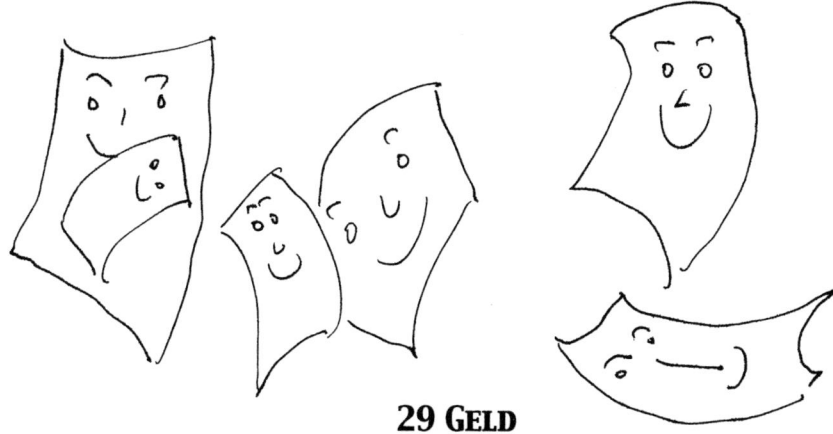

29 GELD

Genuss

Eines der Schlüsselworte in „Business-Artisten".

Ohne Genuss läuft nichts. Das Leben genießen ist die neue Art erfolgreich zu sein. In dem Moment, in dem Menschen ihr Leben genießen, fängt alles an zu fließen. Die Ausstrahlung verändert sich, andere werden neugierig. Charisma entsteht aus dem Genießen jedes Momentes.

Das ist die höchste Form des Genießens. Alles was passiert, ist perfekt, wird akzeptiert und schließlich genossen. Wenn es Ihnen gelingt die größte Tragödie ihres Lebens als das, was es ist zu genießen, werden sie unbesiegbar und unverletzlich.

Beim Zahnarzt neulich wollte ich herausfinden, ob es mir möglich ist Schmerz zu genießen. Eine schöne einfache Übung. Der Zahnarzt warnte vor Schmerzen, ich entschied mich gegen die Spritze.

Die Schmerzen kamen wie versprochen und ich versuchte mich zu entspannen und sie zu genießen. Ich richtete meine Neugier auf die Art der Schmerzen, wie stark sind sie? Wann genau beginnen sie?

Es war plötzlich ein spannendes, hoch interessantes Erlebnis. Der Genuss war möglich. Entspannung und eine verstärkte Wahrnehmung und Wachheit war das Ergebnis dieser Erfahrung. Mein Zahnarzt wunderte sich etwas über die Lockerheit, mit der ich die Schmerzen überstand.

Statt die Sinne durch Unterdrückung von Schmerz zu betäuben, wecke ich sie durch bewussten Genuss. Mehr und mehr werden die Sinne geschärft. Mehr Wachheit, mehr Neugier ist die Folge. Die Energie steigt durch mehr wahrgenommene Impulse deutlich.

Die Bandbreite der Gefühle steigt und ich lerne durch das bewusste Genießen die Gefühle mehr und mehr zu steuern.

Gefühle verlieren ihre Macht über mein Handeln. Entscheidungen können auch im Erleben der widersprüchlichen Gefühle bewusst gefällt werden.

Ich kann die stärkere Bandbreite meiner Emotionen bewusst einsetzen und die unterschiedlichen Rollen, die ich in meinem Leben spiele, authentischer ausfüllen.
Die Stärke der Glücksmomente nimmt zu und kann immer leichter ausgelöst werden.

Gleichzeitig nimmt aber die Stärke der Momente größter Angst oder Sorge auch zu.
Beides kann ich durch bewusstes Erleben mehr und mehr genießen. Das ganze Leben wird plötzlich zum Abenteuer zwischen möglichem grandiosem Erfolg und drohendem Misserfolg. Beides werde ich in meinem Leben trotz bester Trainings und trotz härtester Arbeit nicht verhindern können.

31 Genuss

Erfolg ist ohne Misserfolg nicht zu haben.

Je mehr ich den Misserfolg riskiere, um so eher kann ich aber den Erfolg auch bekommen. Erfolg hängt mehr von der Anzahl ernsthafter Versuche ab, als von richtigem Verhalten oder harter Arbeit.

Wenn ich jeden Versuch genießen kann, unabhängig davon, ob er zu Erfolg oder Misserfolg führt, erst dann werde ich unabhängig von Erfolgszusagen und Erfolgsaussichten.

Wenn ich fähig bin genügend Misserfolge einzustecken bis der Erfolg kommt, erst dann bin ich ein wirklich freier, ungebundener Mensch. Bindungen muss ich dann nur noch aus freien Stücken eingehen, wenn ich wirklich will und etwas davon habe.

Ich werde nie mehr abhängig sein von Menschen, die mich für ihren Erfolg ausnutzen und mir dafür etwas Sicherheit bieten.

Eine spezielle Form des Genusses ist besonders wichtig, wenn Sie wirklich locker und intelligent Geschäfte machen wollen. Es ist die Fähigkeit, guten Gewissens gegen Regeln, die nicht von ihnen gemacht wurden, zu verstoßen. Bestimmen Sie lieber ihre Regeln selber und erfinden Sie neue Spiele mit neuen Regeln für alle.

Da Erfolg und Glück von der Fähigkeit genießen zu können abhängig ist, werden wir mehr und mehr Dienstleistungen in Anspruch nehmen, die uns Genüsse aller Art bereiten. Genau diese Dienstleitungen sind es, die erfolgreiche Menschen anbieten und erfolgreiche Menschen in Anspruch nehmen.

Business Artisten sind frech

Business Artisten lieben die REALITÄT

Wissen erhöht den Genuss

Wilder ungezügelter Genuss kann sehr gut das Tor zu den echten Genüssen, vor allem zu den tabuisierten Genüssen aufstoßen, wird aber auf Dauer nicht befriedigen.

Aus der Balance zwischen intellektuellem und physischem Genuss entsteht echter dauerhafter Genuss, der sich weiter entwickelt.
Wenn ich weiß wie der Latte Macchiato schmecken muss und was das Besondere daran ist, erhöht das den Genuss gewaltig.
„Zuerst kommt der Schock über die Bitterkeit dann kommt der ausdrucksstarke und nuancenreiche Kaffe Geschmack"
Zu wissen, dass der Schock die Geschmacksnerven stimuliert, verstärkt die Wirkung. Gleichzeitig werden durch das Wissen die Geschmacksnerven auf bestimmte Geschmacksnuancen erst neugierig gemacht.
Jetzt erst wird hemmungsloser Genuss möglich. Der Genießer wird so begeistert, dass er anderen davon erzählen muss und sie mit hinein zieht.

Teile ich das Wissen, teile ich den Genuss. So entsteht die positive Spirale, die zu einer sinnlichen Hemmungslosigkeit führt, die befreiend wirkt und den gesamten Körper lockert.

KARRIERE

Eine Karriere ist ein Kunstwerk, sie entsteht aus einer Kombination von Kreativität und Strategie.

Grundlage sind die eigenen Veranlagungen und Stärken, sowohl physisch als auch psychisch.

Werden die speziellen individuellen Stärken erkannt und genutzt, ist es möglich eine ebenso außergewöhnliche wie erfolgreiche Karriere aufzubauen.

Alleinstellungsmerkmale müssen nicht erfunden werden, sie sind schon da und müssen nur aus den erkannten Stärken abgeleitet werden.

Die „Marke" entsteht von selber, denn jeder Mensch wird zur unverwechselbaren Marke, je mehr er sich entfaltet.

Durch Feedback von außen ist es möglich, mehr und mehr seine Stärken zu erkennen und zu entwickeln.

Exzellenter Service für die Kunden macht sie glücklich. Gute Kunden geben durch Dank und Anerkennung die investierte Energie mehrfach zurück.

Außer Kunden haben sie auch begeisterte Fans, die viel mehr als Geld oder Empfehlungen geben. Sie speisen durch ihr positives Feedback den ganzen Prozess mit Energie.

Wer nur bezahlt und verschwindet, ist entweder nicht exzellent bedient worden oder hat kein Gespür für das Geschenk, das er bekommen hat.

Im einen Fall liefere ich nach und finde heraus, was ihn überraschen und glücklich machen würde, im anderen Fall lasse ich ihn weiter ziehen.

Ich möchte dass meine Kunden den Wert meiner Arbeit erkennen und begeistert sind.

Liebe/Krieg

Krieg ist Ausdruck von Liebe, Freund und Feind stehen in einem Abhängigkeitsverhältnis, das man als eine Art Liebesbeziehung bezeichnen kann.

Business Artisten
glauben an sich

"Draußen ist Krieg"

Geschäfte machen heißt Krieg führen.

Ich muss jederzeit auf Angriffe, Verletzungen und Schmerz vorbereitet sein. Die Lehre aus dem Film von Clint Eastwood „Million Dollar Baby" sitzt: „Sei nie ungeschützt". In den Sekunden des größten Triumphs vergisst die Boxerin ihre Deckung. Sie wird von der Gegnerin hinterrücks „ausgeschaltet". Querschnittsgelähmt vegetiert sie dahin und bittet schließlich ihren Coach, den Strom der Geräte, die ihr Leben erhalten, auszuschalten.

Selbst gute Kunden können uns verletzen, weil sich z. B. selber gerade im Kampf befinden und nicht merken, wie sie um sich schlagen.

Ärger, Hass und Wut können an uns haften, ohne dass wir es merken. Wir haben es irgendwo eingefangen und verbreiten es weiter. Dagegen helfen nur „Verbündete", die mir Feedback geben können.

Sie machen mich darauf aufmerksam, wenn ich handle, ohne meinen Werten und Talenten zu entsprechen. Im Krieg werden Deckung, Schutz und Waffen gebraucht.

Ein Business Artist kennt seine Waffen, weiß sie zu schärfen und kann damit exzellent umgehen.

Ebenso kann er sich schützen und beherrscht Deckung, Rückzug und Ablenkung.

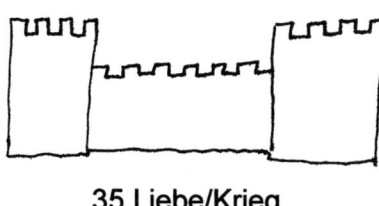

Sun Tzu, der chinesische Meister der Kriegskunst, kann uns in dieser Kunst unterrichten.

Seine Jahrtausende alte Lehre besteht darin, den Kampf zu gewinnen, bevor es überhaupt zu kriegerischen Handlungen kommt.

Dies ist aber nur möglich, wenn die Bereitschaft und die Fähigkeit bis zum Äußersten zu gehen, sichtbar sind.

Wenn uns dies in unserer Karriere gelingt, werden wir geschätzt und für unsere Feinde unangreifbar. Wer sich mit Kampf und Krieg nicht auseinandersetzen will, sollte sich weiter betäuben und in seiner Traumwelt weiter leben.

Wer Krieg und Liebe aber nicht scheut, ist herzlich willkommen in der Realität. Sie ist grausam und fantastisch zugleich.

Abenteuer und Verzweiflung gehören zusammen.

Das Leben ist ungerecht und überraschend zugleich. Ärger und Freude wechseln sich ab. Es gibt faire und spannende Schlachten genauso wie es unfaire und aufreibende Schlachten gibt.

Die Abwechslung bringt die Dynamik und das Wachstum.

Karriere:

Die Karriere eines Business Artisten ist wie ein eigenständiges Lebewesen, sie hat ihr eigenes Timing.

Sie muss gehegt und gepflegt werden.

Sie ist wie jedes Lebewesen unberechenbar.

Druck und Überfütterung bringen nichts.

Geduld, Aufmerksamkeit und Neugier lassen sie wachsen.

Ihre Karriere entfaltet sich wie eine Pflanze, vernetzt sich wie das Wurzelwerk mit der Erde. Sie bildet ein fraktales System im System im System im System.....
Sie verbindet Makrokosmos und Mikrokosmos und breitet sich unendlich aus.

Karrieren unterstützen sich gegenseitig und bekämpfen sich gegenseitig.

Gefahr:

Echte Gefahr liegt in der Sicherheit und in der Vermeidung von Gefahr.
Sicherheit kann ich mir deshalb in Wirklichkeit nicht leisten, das ist mir zu gefährlich.

Wenn Herausforderungen und Gefahren gebannt sind, beginnt der Abstieg.

Gefahr, Abenteuer und Herausforderung sorgen für angemessenen Geldfluss. Das, was von Außen betrachtet oft wie Überfluss aussieht, ist in Wirklichkeit notwendig, um weiteres Wachstum und Überfluss zu ermöglichen.

Langeweile und Gleichgültigkeit machen den Geldfluss zum Rinnsal.

Dieses Rinnsal entspricht genau der Menge an Geld, die wir uns zugestehen, weil wir das normalerweise in einer Umgebung, in der alles abgesichert ist und keine Herausforderungen und Gefahren vorhanden sind, gelernt haben.

Für einen Business Artisten ist das aber zu wenig, da die Absicherungen nicht vorhanden sind.

Die Absicherungen müssen aber abgebaut werden, um in der Herausforderung und Gefahr leben zu können.

37 Liebe/Krieg

Will ich lieber in Sicherheit leben, muss ich auf echten Erfolg und Wachstum verzichten. Dann ist es nur möglich innerhalb gewisser Normen und Regeln langsam vorwärts zu kommen.

Wenn also draußen Krieg herrscht, wäre es gut mich so langsam damit anzufreunden, Waffen und Schutz zu tragen und gewinnen und verlieren zu lernen.

Ich werde es mit zunehmender Meisterschaft mehr und mehr lieben lernen. Ich werde immer anspruchsvollere Feinde herausfordern, so dass das Risiko trotz zunehmender Meisterschaft erhalten bleibt.

Von Menschen, die nicht bereit sind in den Krieg des Lebens einzutreten, werde ich mich mit der Zeit trennen müssen, denn sie sind schlimmer als Feinde, weil sie mich vom eigentlichen Leben ablenken und in ihre gemütliche Lethargie hineinziehen.

Mit der Zeit werde ich schneller erkennen, wer das Spiel des Lebens so wie auch ich auf Sieg oder Niederlage spielt.

Dieses Buch ist radikal und kompromisslos, weil es Zustimmung oder Ablehnung produzieren will und nicht die Langeweile dazwischen. Dafür wäre jede Minute Lesezeit zu schade.

Wenn Sie es also hassen und wenn Sie es lieben, freue ich mich. Ich lade Sie ein, entscheiden Sie sich für Freund oder Feind, dann kann Spannung, Abenteuer, Spaß und Freude am Spiel entstehen.

Wenn Sie dagegen sind, zeigen Sie es mir, kommen Sie aus der Deckung, dann kann Wertvolles entstehen.

So verstandene Konkurrenz liebe ich. Diese Art von Konkurrenz fordert die Kontrahenten heraus und lässt Innovationen entstehen.

Ich habe kein Problem mit Misserfolg, wenn er klar erkennbar ist. Dann kann ich Konsequenzen ziehen und den nächsten Erfolg angehen.
Wenn die Konkurrenz zu Recht gewinnt, haben doch alle etwas davon.
Konkurrenz und Kooperation, das sind die einzigen sinnvollen Optionen.

Ein Konkurrent kann auf einem anderen Gebiet Kooperationspartner sein. Das wäre doch spannend, wenn wir so Geschäfte machen könnten.

Also lassen Sie uns damit beginnen.
Rigorose Liebe schließt Freund und Feind mit ein.
Interessant ist ja, dass die Hassliebe zwischen Feinden oft stärker ist und zu mehr Ergebnissen führt, als die romantische Liebe zwischen zwei Freunden oder zwei Liebenden.

Zu wem könnten Sie also eine Hassliebesbeziehung aufbauen, die großartige Ergebnisse und Erlebnisse ermöglicht? Wer könnten ihre Konkurrenten oder Feinde sein, für die es sich lohnt die Waffen zu schärfen?

Wichtig ist auch folgende Erfahrung, die ich unlängst machen musste:

Es ist anderen eventuell ganz egal, was wir von Krieg halten, wenn sie einen oder mehrere Gründe dafür haben, werden sie Krieg führen.

Für Business Artisten ist Krieg Spiel

Business Artisten versuchen die Meinung, dass Krieg
schlecht und Frieden gut ist, los zu werden und statt
dessen die Realität endlich zu akzeptieren.

Krieg ist nicht gut, nein Krieg ist weder gut noch schlecht,
sondern Krieg ist einfach da.
Und diese Realität muss akzeptiert werden, dann ist
Frieden möglich.
Frieden ist nicht gut, sondern einfach der Zustand, der
sich mit Krieg abwechselt.

40 Liebe/Krieg

MARKETING

„Machen sie Ihr Leben zur Litfasssäule"

Wenn sie natürliches Marketing betreiben, wird ihr Leben zur Litfasssäule.
Und das ist das beste Marketing, das es gibt.
Alles was Sie wirklich mit Freude tun, alles was Ihnen und Ihren Talenten entspricht, wird unwillkürlich Marketing, denn es erzeugt Anziehung pur.

Vergessen Sie alles, was Sie über Marketing wissen und leben Sie Ihr Leben frei und unangepasst.

Dann passiert Marketing von selber.
Ihre Umgebung wird fasziniert sein, wenn Sie Ihren eigenen Stil entwickeln, je authentischer, desto besser.
Wenn Sie sich fremden Regeln unterwerfen und sich einem Stil unterordnen, müssen sie künstlich Aufmerksamkeit erzeugen. Ihnen gelingt es eventuell aufzufallen, aber diese Aufmerksamkeit kann teuer erkauft sein und wird immer künstlich bleiben.
Verzichten Sie auf den Griff in die Trickkiste der Aufmerksamkeit. Drücken Sie sich unverfälscht und mutig aus. *Business Artisten sind*

Was uns an anderen Menschen am meisten interessiert ist das, was diese Menschen von allen anderen unterscheidet.

Also zeigen Sie sich, wie Sie sind.

Seien Sie ehrlich und authentisch, dann glaubt man Ihnen auch.

Magier

Seit ich in Austin, Texas lebe, fällt es mir leichter meinen Stil zu finden. Dort kann ich in Ruhe ausprobieren. Ich habe z.B. entdeckt dass ich am liebsten nur Jeans, Jeanshemden und echte Cowboystiefel trage.

Als Seminarleiter ist diese Kleidung auffällig, manche würden sagen unseriös, aber es kann mein Markenzeichen werden.

Trage ich z.B. diese Stiefel, dann wird jeder Schritt zum Auftritt. Als ich dies entdeckte, war mir klar, dass ich sie so oft wie möglich auch in Deutschland tragen werde.

Es macht mir riesigen Spaß und es gibt mir eine ganz spezielle Haltung und Ausstrahlung.

Dieses Beispiel von natürlichem Selbstmarketing ist noch sehr banal.

Die gleiche Wirkung geht jedoch auch von meinen Haltungen, meinen Gedanken und meinen Gefühlen aus. Hier lässt sich die Wirkung nur nicht so einfach beobachten und zu den Ursprüngen zurückverfolgen.

Können Sie sich vorstellen, dass sich Ihre Haltung gegenüber Geld in Ihrem Handeln ausdrückt?

Sind Sie zum Beispiel von Natur aus ein großzügiger Mensch, leben aber in einer Umgebung, die eher geizig mit Geld umgeht, dann nehmen auch Sie automatisch diese Haltung an.

Ihre Großzügigkeit wird nie zum Vorschein kommen und dieser Teil Ihrer Persönlichkeit verborgen bleiben. Gerade das würde Sie aber in dieser Umgebung wirklich einzigartig machen. Gleichzeitig würde es Ihrem Wesen mehr entsprechen, Sie würden sich deshalb wohler fühlen und leichter Erfolg haben.

Es lohnt also herauszufinden, wie und wer Sie wirklich sind. Dann können Sie die Einflüsse Ihrer Umgebung erkennen und ignorieren, so dass Ihr wahres Selbst mehr und mehr zum Ausdruck kommen kann.

Was denken sie z.B. von anderen Menschen? Sind Sie eher skeptisch oder geben Sie einen Vertrauensvorschuss? Sind Sie eher ein vorsichtiger, ängstlicher Mensch oder draufgängerisch, mutig?

Hier gibt es kein besser oder schlechter, sondern nur mehr oder weniger Authentizität.

Authentizität zählt.

Machen sie Ihr Leben dadurch zur Litfasssäule, dass sichtbar wird, wer Sie wirklich sind.

Eine sehr gute Gelegenheit dies herauszufinden bietet die Möglichkeit, sich in eine ganz andere Umgebung zu begeben und zu beobachten, was dann passiert. Die Erkenntnisse aus diesem Versuch lassen sich dann mit etwas Mut auch in Ihrer normalen Umgebung umsetzen.

Rechnen Sie mit Widerspruch.

Wir neigen alle dazu, uns gegenseitig in Schubladen zu stecken und reagieren deshalb allergisch, sobald jemand aus seiner Schublade ausbricht und nicht mehr in unser Muster passt.
Bevor wir selber unser Muster in Frage stellen und verändern, sind wir versucht zu verhindern, dass die andere Person aus dem bekannten Muster ausbricht.
Deshalb wird es immer wichtiger sich mit Menschen zu umgeben oder auch unter Menschen zu leben, die die Veränderung so schätzen wie Sie selber. Dann können Sie sich gegenseitig zur Veränderung inspirieren.

Business Artisten neigen dazu aufzufallen und sich nicht anzupassen. Sie brechen eher aus Konventionen aus und reißen andere mit.

Mein Freund Ulrich besucht mich in Austin und verlässt damit seine normale Umgebung.
Die Auswirkung auf sein Wesen ist verhängnisvoll. Nach ein paar Tagen Unsicherheit bricht sich sein eigentliches Wesen mehr und mehr Bahn.
In dieser fremden Umgebung, weg von seiner Partnerin, findet schrittweise eine Veränderung statt. Erstaunliche und überraschende neue Seiten seines Wesens werden sichtbar.
Es fängt unmerklich mit dem Kauf einer Jeans an, gefolgt von dem Kauf eines T-schirts. Die Verwandlung, die sich plötzlich vollzieht, ist enorm. Nach ein paar Tagen in Texas ist die Wirkung, nach herkömmlichen Maßstäben gemessen, verhängnissvoll.
Eine fast komplett neue Garderobe lässt seine Erscheinung jünger, natürlicher und lebendiger wirken.

Außerdem aber noch: Viele gefahrene und geflogene Kilometer.

Er überredet mich einen Trip mehrere hundert Meilen in den Süden ans Meer, in die Wärme zu unternehmen.

Ich inspiriere ihn dazu, einen Kurztrip nach New York zu machen und dort eine gemeinsame Freundin zu besuchen.

Normalerweise würden wir sagen, das ist doch verrückt. Zuviel Stress, zu teuer, das ist doch alles gesponnen und überflüssig.
Statt an meinem Buch zu schreiben, fahre und fliege ich mit ihm wild durch die Gegend.

44 MARKETING

Interessanterweise entdecke ich, dass ich mir das
Schreiben immer genau so gewünscht habe. Unterwegs,
im Auto, im Flugzeug, in einer ungewohnten Umgebung,
die jeden Tag wechselt, so macht mir das Schreiben Spaß.

Als Business Artist kann ich nur abschließend sagen,
genau so funktioniert es.

Ulrich hat mich total mitgerissen und ich konnte ihn zu
einem neuen Lebensstil inspirieren.
    Überall wo wir hinkamen haben wir unsere Umgebung
mit unserer Freude und unserem Spaß angesteckt.

Ergebnisse daraus für mich:
Ein Seminar in New York, das eine begeisterte Bekannte
meiner Freundin organisiert.
Außerdem die Bekanntschaft mit einer hervorragenden
Künstlerin, die in Greenwich Village,
New York lebt und arbeitet.
    Mit ihr haben wir ein geniales Ausstellungsprojekt
entwickelt, bei dem noch weitere Künstler beteiligt sein
werden.
    Ulrich wird diese Tage in New York und Austin
garantiert nicht vergessen.

Seine Lebensgefährtin holt uns am Flughafen strahlend ab.
Die Veränderung, die sie wahrnimmt, muss wohl in die
richtige Richtung gegangen sein.

Netze auswerfen

Eine andere wichtige Komponente des Selbstmarketings
ist, bildlich gesprochen,
"Netze auswerfen".

Wollen sie mehr Fische fangen, müssen Sie dafür sorgen,
dass mehr Netze im Wasser sind.
Sie können nicht einen größeren Fang erwarten, wenn Sie
immer die gleichen Netze ins Wasser werfen. Die Netze
müssen gepflegt, erneuert und vor allem vermehrt werden,
wenn Sie Wachstum wollen.

Viele Menschen arbeiten lieber an der Optimierung der
alten Netze, denn die kennen sie ja. Meistens ist aber die
Optimierung viel aufwendiger und weniger befriedigend,
als der Auswurf neuer Netze.

Aus Sicherheitsgründen, „das alte Netz hat doch immer
gut funktioniert, es muss nur leicht optimiert werden",
tendieren wir dazu mit viel Fleiß und Mühe an den alten
Netzen herumzuflicken. Funktionierende Netze müssen
gepflegt werden, das ist natürlich richtig, aber sie dürfen
nicht überfordert werden oder gar als Begründung für
Misserfolg herhalten.

Neue Netze sind spannend, weil sie große Risiken mit sich
bringen. Wie funktionieren sie wirklich?
Wo müssen sie noch optimiert werden?
Wo gibt es noch zu große Löcher, oder sind die Löcher
gar zu klein?

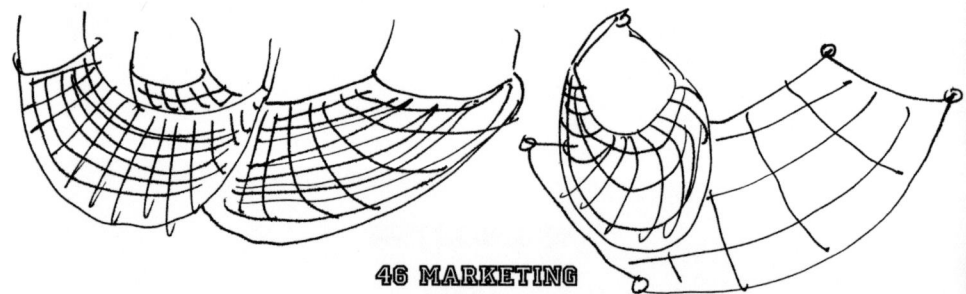

Alles spannende Fragen, die gelöst werden müssen. Die Menge der Arbeit ist die gleiche wie die, bei der Arbeit mit den alten Netzen. Allerdings sorgt die größere Spannung, die mit einer Innovation einhergeht für eine viel höhere Grundenergie.

Damit meine ich, die Arbeit bereitet viel mehr Vergnügen und erzeugt deshalb auch bessere Ergebnisse.

Die Wirkung nach außen ist enorm. Innovation sorgt immer für ein hohes Maß an Aufmerksamkeit.

Mutige Menschen, die immer wieder neue Netze auswerfen, werden bewundert.

Bewunderung ist genau das, was Business Artisten wollen, davon ernähren sie sich.

Bewunderung gibt ihnen die Energie für außergewöhnliche Leistungen und Überraschungen.

Folgendes müssen Sie aber beim Netze auswerfen beachten:

Die meisten neuen Netze funktionieren nicht auf Anhieb. Es ist notwendig die Netze nach dem berühmten „Try and Error" Prinzip zu erproben und zu optimieren. Dafür ist es gut, nicht unbedingt alles Neue an die große Glocke zu hängen. Besser ist es, im sicheren Rahmen verschiedene Erprobungsphasen zu durchlaufen.

Andererseits muss klar sein, dass eine Probe nie die Wirklichkeit und deren Energien ersetzen kann. D.h. hören Sie mit der Proberei rechtzeitig auf und trauen Sie sich das Erprobte in der Wirklichkeit durch zu führen.

Diese risikobereite Haltung gegenüber Innovation und Überraschung wird ein gesundes und natürliches Selbstmarketing erzeugen und alle anderen Marketingmaßnahmen unterstützen.

MARKT

„Kreieren sie Ihren Markt oder Ihre Nische" - so ein Blödsinn!

Als ob es möglich wäre als Einzelner etwas zu kreieren.

Diese Botschaft vermittelt uns unterschwellig die Vorstellung, wir hätten das Steuer in der Hand. Wir hören das gerne und sind gerne bereit auf diese Botschaft hoffnungsvoll hereinzufallen. Wenn uns dann auch noch durch ein Buch, eine Ausbildung oder ein Training vermittelt wird wie wir diese Kreationen erzeugen können, sind wir natürlich gerne bereit etwas Geld dafür auszugeben und unsere Hoffnung auf Macht zu befriedigen.

Nach dem Motto „gewusst wie", und alles läuft von selber. Die Enttäuschung muss folgen, denn die Welt funktioniert nicht so wie wir das gerne hätten.

Die Gesetze des Marktes sind machtvoll und unbezwingbar. Wer sie nicht akzeptiert geht unter, ist die Realität.

Der Markt ist schon immer da gewesen, die Nische genauso.

Nicht kreieren, sondern entdecken des eigenen Marktes oder der eigenen Nische führt zum Erfolg. Nur mit Neugier und Forscherdrang ist dies möglich. Die Menschen (der Markt) sind wie sie sind.

Sie verändern sich nur ganz langsam, sichtbar in Form von Trends und Moden. Hier können wir nicht manipulativ eingreifen, Menschen sind gegen Veränderung viel zu resistent.

Nur aus der Beobachtung der Trends und Moden heraus ist es möglich, auf den Markt zu reagieren. Neue Moden und Trends rechtzeitig erkennen und dafür Dienstleistungen und Produkte anzubieten, das ist die Herausforderung. I
n bestehenden Märkten Lücken im Angebotsspektrum entdecken kann allerdings mindestens genauso Gewinn bringend sein.
Je nach unseren Veranlagungen und Fähigkeiten können wir diese oder jene Segmente des Marktes bedienen.

Ist Ihnen eigentlich klar, dass Sie Teil des Marktes sind?

D.h. Ihr Konsum wird den Markt eventuell effektiver beeinflussen, als die neueste Marketingkampagne, die Sie teuer bezahlen. *Business Artisten spinnen*

Sie sind Fan, Konsument, Mitläufer und gleichzeitig Trendsetter und Führer, wenn Sie wirklich genießen.
Mein hemmungsloser Genuss, mein Konsum, meine Begeisterung über das Neueste, das Coolste hat starken Einfluss auf meine Umgebung. Dadurch habe ich den natürlichsten Kontakt zum Markt, besser und direkter, als jede Analyse.

Was liebe ich? Was befriedigt mich wirklich? Was wirkt bei mir? Darum geht es.
Wenn ich mir erlaube zu genießen, erfahre ich was wirklich passiert. Dann bin ich in Verbindung mit den anderen hemmungslosen Konsumenten, die den Markt mit ihrem Geld versorgen und lebendig machen.
Der gemeinsame Genuss verbindet mich am besten mit dem Markt. Welche Teile des Marktes, welche erkennbaren, entdeckbaren Nischen liebe ich?

Business Artisten lieben deshalb den Markt, weil er ihnen Genusspotential und Einkommensmöglichkeiten bietet.

Der Markt entspricht einer Art künstlicher, von Menschen erzeugter Natur. Der Markt ist kulturell und kommerziell. Er entfaltet seine eigenen Lebensgesetze und seine eigenen Lebensrhythmen. Innovationen erscheinen als letzter Schrei, um dann wieder in der Langeweile der Normalität zu verschwinden.

Der Markt liefert Abenteuer, Kriege, Siege und Niederlagen.

Alle Emotionen zwischen Liebe und Hass werden in idealer Weise bedient, wenn ich aktiv teilnehme.

Ich kann profitieren, wenn ich mitmache und Zeit, Energie und Geld investiere.
Kontrolle wird nie jemand erreichen.

Es ist möglich die Welle zu reiten, aber nicht, sie zu beherrschen.

Das ist das Spiel schlechthin.

Haben Sie Lust? Spielen Sie mit? Was ist Ihr Einsatz? Wie hoch ist er? Was hat die Menschheit davon?

Motivation

Die 90:10-Regel

Neulich beschwerte ich mich bei meiner Tochter nach einem Kundentelefonat darüber, dass der Kunde, nachdem er sich eigentlich schon klar dass er eine nächste Coachingsitzung nehmen will, erst nach einem längeren Telefonat dazu zu bewegen war, einen Termin mit mir abzumachen.

Was ich während meiner Beschwerde, und während des Gesprächs mit meiner Tochter über die Entscheidungsschwierigkeiten meiner Kunden übersehen hatte, war die Tatsache, dass ich überhaupt Kunden habe.

Schon dafür müsste ich eigentlich dankbar sein. Dass der Kunde überhaupt am Telefon zu erreichen war, und dass er auch noch deutlich gemacht hat er möchte weiter Coachingsitzungen haben, müsste mich glücklich machen.

Aber nein, ich wünsche mir nicht nur viele Kunden, sondern ich wünsche mir auch noch, dass meine Kunden sich schnell und ohne langes Beraten entscheiden und kaufen.

Es ist absurd, ich sitze hier in Texas in der Sonne, während es in Deutschland kalt und unangenehm ist, und gehe einer meiner Lieblingsbeschäftigungen nach, nämlich mich mit Menschen unterschiedlichster Art am Telefon zu unterhalten. *Business Artisten spielen immer*

Nur eine Kleinigkeit stört mich daran, aber damit beschäftige ich mich ausgiebig und verhindere, dass ich die ganze Situation, in der ich mich befinde, genießen kann.

90% unserer Zeit, die wir bewusst wahrnehmen, leben wir unter Umständen, die wir als ideal bezeichnen müssten.

Wir haben genug zu essen, schöne Kleidung anzuziehen. Wir haben ein Dach über dem Kopf.

Die wichtigsten Dinge sind geregelt. Also müssten wir 90% unserer Zeit gute Laune haben.

Doch leider hat unser Verstand nichts zu tun, wenn alles geregelt ist.

Wenn wir routinemäßig unsere Aufgaben erledigen, ist er unterfordert. Aus diesem Grund fängt er an für „Unterhaltung" zu sorgen. „Sorgen machen" ist der Unterhaltungsmacher Nummer 1, gefolgt von „Ärgern über…" .

Interessanterweise hat dieses ganze Theater im Kopf nichts mit der Realität um uns herum zu tun.

Das „Unterhaltungsprogramm" im Kopf sorgt aber für die Stimmung, in der wir leben. Deshalb ist es für viele Menschen kaum erheblich, unter welchen Lebensbedingungen sie leben. Was ihr Leben dagegen maßgeblich beeinflusst, ist ihr jeweiliges „Unterhaltungsprogramm".

Bei den meisten Menschen sind in der Realität höchstens 10% nicht in Ordnung, aber diese 10% füttern das Unterhaltungsprogramm und bestimmen somit die Stimmungen, Launen und Gefühle.

Unser Fokus tendiert dazu sich auf das, was nicht in Ordnung ist, zu konzentrieren. 90% unserer Zeit sind wir also damit beschäftigt, was 10% unserer Zeit bestimmt. Diese kleine Änderung im Fokus, weg von den 10%, die nicht in Ordnung sind, hin zu den 90%, die bestens sind, verschafft uns ein ganz neues Wirklichkeitsgefühl.

Wenn es uns gelingt, diese Änderung aufrechtzuerhalten,
was eigentlich nicht schwierig ist, da es gilt diese 90% im
Auge zu behalten, dann sind wir mit der Realität
verbunden.

Dann können wir authentisch leben und uns auch
authentisch ausdrücken, wie wir es als kleine, „naive"
Kinder getan haben.

Dann haben wir eine andere Haltung, wenn wir uns
wirklich mit den 10%, die nicht in Ordnung sind,
auseinandersetzen.
     Jetzt sind wir bereit Dinge in Angriff zu nehmen, jetzt
sind wir auch dazu fähig, weil wir die Realität eben
wahrnehmen wie sie ist.

Das ist das Lebensgefühl des echten Business Artisten.

Falsche Wahrnehmung und falsche Einschätzung der
Wirklichkeit ist meistens der Grund für
Fehlentscheidungen. Bin ich mit der Realität verbunden
und bleibe ich mit ihr verbunden, entgehe ich dieser Falle.

53 Motivation

Ziele werden zu Folterinstrumenten

Wie oft habe ich in Büchern über Ziele gelesen? Ich weiß es nicht mehr.
Brian Tracy, ein wirklich sehr geschätzter Kollege, hat ein ganzes Buch nur über Ziele geschrieben. Ich liebe seine Direktheit und seine Klarheit.

Ein Thema vermisse ich aber in seinem Buch über Ziele.
Vielleicht wollte er es absichtlich nicht mit einbeziehen. Ich finde aber, es ist absolut Ausschlag gebend dafür, ob ich mit Zielen erfolgreich sein kann.

Was passiert, wenn Ziele zu Folterinstrumenten werden?

Ein typisches Ziel: Pro Tag schreibe ich zwei Seiten dieses Buches, so dass ich es zum 1. Mai 2006 heraus bringen kann.

Wie oft habe ich dieses Ziel verfehlt? Fast jeden Tag. Was passierte als erstes?
Die Selbstanklage:
„Du hast es mal wieder nicht geschafft."
Danach:
„Du spinnst ja auch. Das Ziel war viel zu hoch, wie konntest du nur?"
Fazit:
doppelt verloren.

Damit konnte ich meinen Folterzyklus aus Selbstanklage über fehlende Organisation, Fehlentscheidungen, verrückte Projekte usw. starten.

Mein Ziel mutierte zu einem raffinierten Folterinstrument, das ab sofort zur Verfügung stand, sobald irgend etwas schief ging.

Der Umgang mit Zielen funktioniert nur, wenn sie wie Ziele in einem Spiel betrachtet werden. Ziele werden formuliert, um ein Spiel zu erzeugen. Nicht um sie zu erreichen.

Ich weiß, für geübte Planer und Strategen ist das harter Tobak. Aber ich hoffe, dass alle, die in der Selbstfolter gefangen sind, aufatmen können.

Gab es nicht so etwas wie „gute Verlierer"? Diese Rolle ist ganz aus der Mode gekommen. Ich plädiere für ein Revival.

Ich liebe gute Verlierer.

Business Artisten entspannen sich in der Aktion

Wer nie verliert, wagt nicht genug.

Gute Verlierer sind doch sympathisch und spannend. Was ist misslungen? Was kann das nächstemal gelingen? Sie wissen mehr darüber als die Gewinner.

Gewinnen und erfolgreich sein ist einfacher, als scheitern und neu Anlauf nehmen. Wer aber hat wohl mehr Erfahrung?

Wie so oft macht es natürlich die richtige Mischung. Aber rechnen Sie mit mehr Misserfolg als Erfolg, alles andere ist Romantik.

Motivation wird oft mit „sich gut fühlen" verwechselt. Das bezeichne ich als Romantik, sie ist weiter von der Realität entfernt als wir denken.

Gefühle werden manchmal höher und echter bewertet als Tatsachen oder Erkenntnisse. Alles ist gleichweit von der Realität entfernt und hilft uns nicht, motiviert zu sein.

Was uns motiviert etwas zu unternehmen oder in Aktion zu gehen, ist in Wirklichkeit nur die Realität.

Sie zieht uns, schockiert uns, lenkt uns ab und kann uns aber auch überraschen, begeistern und herausfordern. Das bedeutet aber, wir müssen uns mit realen Dingen wie Fehlern, Missverständnissen, Misserfolgen auseinander setzen.

Fazit:

Echte Motivation ist unabhängig von Erfolg oder Misserfolg.
Nur dann ist es möglich mit Zielen als Teil des Spiels zu arbeiten. Also, setzen Sie sich nur Ziele, wenn Sie bereit sind ein guter Verlierer zu sein, denn Ziele sind nur sinnvoll, wenn die Gefahr des Scheiterns real ist.

Sorgen, Mutlosigkeit und Ärger

Kennen Sie auch diese Mischung? Ich bezeichne es als die Kehrseite von Motivation.
Damit ist klar, dass es ein Teil von Motivation ist, ob wir wollen oder nicht.

Wenn Sie Sorgen, Mutlosigkeit und Ärger nicht kennen, heißt das Sie schlafen, sind total abgehoben oder auf eine andere Art high. Dann empfehle ich Ihnen, versteigern Sie dieses Buch bei Ebay. Aber bitte erwarten Sie nicht Erfolg, Glück, Vergnügen.

Die gute Nachricht für alle anderen: Sie sind hier richtig. Ihnen kann geholfen werden. Werden Sie Business Artist.

Sorgen, Mutlosigkeit und Ärger gehören dazu. Die Frage ist nur, was mache ich daraus?

Wenn alles Energie ist, wie kann ich dann diese Energielöcher in Energiequellen verwandeln?

Der erste Schritt ist, es zu wollen. Dass ich eine Energiequelle daraus machen will, ändert meistens schon alles.

Sorgen, Mutlosigkeit und Ärger müssen nicht mehr bekämpft werden, sondern werden freudig begrüßt, denn sie sind wichtige Hinweise auf ungeklärte Situationen.

Mit etwas Übung oder auch Feedback von einer außen stehenden Person lässt sich herausfinden, was hinter diesen Hinweisen steckt.
    Sie beziehen sich allerdings nicht unbedingt auf das Nächstliegende, sondern sind meist versteckte Hinweise, die sich auf eine vergangene Situation beziehen.

Manchmal muss man mit detektivischem Spürsinn herangehen. Wenn Nichts aufgedeckt werden kann, ist es am besten die Sache auf sich beruhen zu lassen und die Bedeutung heraus zu nehmen.

Wenn dann mehr Leichtigkeit und Entspannung da ist, taucht meist eine Idee auf, wie die Situation zu nutzen ist.

57   Motivation

Best-Case und Worst-Case Szenario

Eine interessante Methode gegen Sorgen und Ängste ist die Best-/Worst-Case Szenario Methode.

Sorgen und Ängste weisen oft darauf hin, dass es höchste Zeit ist, im Projekt oder auch in einem bestimmten Geschäftsbereich diese Methode anzuwenden. Wie funktioniert sie?

Ganz einfach:

Zuerst malen Sie sich aus, was das Schlimmste ist, das passieren könnte.

Dann malen Sie sich aus, was das Beste ist, das passieren könnte.

Jetzt bereiten Sie sich auf beide Möglichkeiten vor. Normalerweise sind damit alle möglichen Eventualitäten abgedeckt und ein Gefühl der Klarheit, Sicherheit und Entspannung kann sich einstellen.

Business Artisten haben immer für jeden Schritt viele Optionen.

Mit etwas Übung ist es kein Problem, sich immer alternative Lösungen auszudenken. Meisterschaft entsteht, wenn es gelingt so „vielgleisig zu fahren", dass immer Alternativlösungen möglich sind.

Durch die Entwicklung der verschiedenen Szenarien wird gewährleistet, dass in jedem Projekt auch genug Entwicklungsarbeit steckt. Deshalb begrüßen Sie Sorgen, Ängste und Ärger als Hinweise auf Planungsbedarf.

Leben wie am Filmset

„Klappe die 1. und Action" mit diesem Befehl wird jede Szene eines Films gedreht. Die Klappe hilft, alle Kameras und alle Teammitglieder miteinander zu synchronisieren.

Starten Sie jeden Tag mit „Klappe und Action" und Sie beginnen den Tag synchronisiert.
Im Moment des Knalls kommt die Energie, die uns mit unseren Vorhaben verbindet.
Mir wird z.B. klar, worum es heute geht. Ich bemerke, was alles unklar ist und geklärt werden muss.
Ist der Tag so gut wie verplant oder gibt es noch Spielräume? Wenn ich morgens gleich reagiere, kann ich noch Spielräume einbauen.
Vielleicht wird deutlich, dass ein alternativer „Drehplan" geschrieben werden muss.
Sie bemerken mit wem sie sich abstimmen müssen und können auch dies in die Wege leiten.

„Was mr sod, grad des sod mr ned macha"

Diese Regel stammt von meiner Tochter und kann wie folgt übersetzt werden: „Was man tun sollte, genau das sollte man nicht tun"
Was sie damit meint: entfernen Sie alles aus Ihrem Leben was Sie tun „sollten" oder „eigentlich tun sollten" und Sie haben kein Zeitproblem. Spielräume entstehen dann von selber.

Sie sagen jetzt mit Recht „ja wo kommen wir denn da hin, wenn das alles nicht mehr gemacht wird?"

Die Antwort ist einfach: „Wir kommen dahin, wohin wir schon die ganze Zeit hin wollen aber vor lauter Zeitmangel, Sachzwängen, Routinen usw. nicht hingelangen können.

Fangen Sie damit an sich zu ertappen bei Sätzen wie: „eigentlich sollte ich noch..." oder „i sod no....". Beginnen Sie konsequent diese Aufgaben, Aktionen aufzugeben oder abzugeben.

Zu jeder sinnvollen Aufgabe gibt es eine Person, die sie gerne und mit Freude erledigt. Diese Person muss oft nur gefunden werden.

Aufgaben, die niemand erledigen will, sind nicht sinnvoll und deshalb überflüssig und müssen so schnell wie möglich erkannt und eliminiert werden.

Das macht die Effektivität dieser Regel aus. Merken Sie wie sich Ihre Laune sofort bessert, wenn Sie sich vorstellen, Sie machen nie mehr etwas, was sie nicht machen wollen oder nicht sinnvoll finden?

Merken Sie wie sich die Neugier auf andere Menschen und deren Motivation bezüglich bestimmter Aufgaben und Aktionen richtet? Wie Sie beginnen Verbindungen und vielfältige Beziehungen zu schätzen?

Mit den richtigen Mitspielern zusammen können Sie ihr Leben erfinden wie einen Film. Sie müssen nur anfangen, Ihre Lieblingsrollen zu spielen und mit den entsprechenden Partnern zusammen zu arbeiten.
Wie wäre es, wenn Sie den nächsten Tag als Komödie oder als Tragödie planten und sich die entsprechenden Kulissen, Schauplätze und Darsteller aussuchten?

Business Artisten lieben das herausfordernde Spiel. Wer ist wohl bereit, dabei mitzuspielen?

Spielerisch eignen Sie sich mehr und mehr Erkenntnisse darüber an, was Ihnen Spaß macht, was Sie wirklich in Ihrem Leben noch wollen und welche Traumrollen darauf warten, entdeckt zu werden.

PERSOENLICHKEIT

Business Artist zu sein hat mehr mit Lebensstil, als mit
Profession zu tun.

Nicht mehr die Qualität der Arbeit an sich ist Ausschlag
gebend für den Erfolg des Unternehmers (Qualität der
Arbeit wird immer die Grundlage bleiben, sorgt aber nicht
mehr für den Erfolg), sondern das Lebensgefühl, die
Ausstrahlung und die Verhaltensweisen.

Cooles Leben

Diana, eine Kundin, erzählt mir folgende Geschichte:
Sie wird nach einer gelungenen Beratung als
Unternehmensberaterin weiterempfohlen. Der Bekannte
ihrer Kundin, ein ausgestiegener Finanzberater, lebt als
Gewinner einer Greencard in Miami.
Per Telefon kann sie aufgrund des Vertrauens, das
durch die Empfehlung zustande kam zwei
Beratungstermine in Miami vereinbaren.
2 Tage in Miami, ihr erster Auslandskunde, ist für sie
ein neues Abenteuer. Auf dem Flug von Frankfurt zu ihrem
Urlaubsziel in den USA legt sie einen Zwischenstopp in
Miami ein. Unternehmensberatung am Strand in Florida.
Im BMW-Cabrio des Kunden durch Miami brausen, wie im
schönsten Kinofilm. Sie zählt begeistert auf:

„Durch die Straßen schlendern, ein originelles Cafe
entdecken, Frühstück um halb zwölf, Bussystem
erkunden, Bücher kaufen, Recherche für weitere
Geschäftskontakte, Museumsbesuch, mit der Limo
zum Flugplatz kutschieren lassen,
so lässt sich's leben."

Nach herkömmlichen Kriterien hat sich der Auftrag, gemessen am Zeitaufwand, nicht so richtig gelohnt.

Doch bezüglich ihrer Lebensqualität hat sie einen schwer messbaren Gewinn erwirtschaftet.

Der erste Auslandskunde steigert das Selbstbewusstsein. Was aber noch viel wirksamer ist, ist die Begeisterung über ihre eigene Arbeit, die ihr unvergessliche Erlebnisse beschert.

Diese Erlebnisse werden sie immer wieder dazu bringen, sich selbst zu übertreffen und die Begeisterung darüber an ihre Kunden weiter zu geben.

Business Artisten lieben das Abenteuer

Business ist Kunst

Das Unternehmen eines Business Artisten ist wie ein Kunstwerk aufgebaut. Schön, klar, einfach, anziehend. Es soll wie die Mona Lisa geliebt werden.

Der Unternehmer ist der Künstler. Alles überflüssige Gehabe wie Corporate Identity, einschüchternde Größe, etc. wird abgelegt oder erst gar nicht aufgebaut.

Das Unternehmen entwickelt sich von der Einfachheit zur Komplexität. Wie ein einzelnes Kunstwerk das nächste nach sich zieht,, bis eine Serie, evtl. eine Kunstrichtung oder eine Stilart entsteht so entwickelt sich auf natürliche Art und Weise auch ein Unternehmen.

Langsames, chaotisches Wachstum inklusive Sackgassen und Umwege ist wirkliches Wachstum.

Der perfekte Plan und die effektive Umsetzung sind genauso wenig Erfolg versprechend wie die gute Idee oder die ausgeklügelte Theorie.

Fehlversuche, Pannen und Abstürze gehören genauso dazu wie überraschende Erfolge und begeisternde Höhenflüge.

Deshalb ist der Unternehmer der Zukunft Abenteurer, Selfmademan, Coach, Artist, Genießer.

Die Modelle Despot, Boss, Chef, Besserwisser, Der Beste,
Patriarch oder Diktator haben endgültig ausgedient.

Eigenschaften und Fähigkeiten

Wenn es nicht gelingt sich zu konzentrieren, bringt es
nichts sich zusammenzureißen sondern es geht
darum, das Chaos auszuhalten, Energie fließen zu lassen
und zu beobachten was passiert.
Das bestimmt erfolgreiches Handeln.

Business Artisten betrachten ihr ganzes Leben als
Übungsfeld.

„Alles was passiert, bereitet Sie auf irgendetwas vor."

Meistens wissen wir nur nicht auf was.

Perfektion

Perfekt ist etwas, wenn es so unperfekt wie möglich ist,
ohne dass es unperfekt wird oder:
Erst wenn von etwas Perfektem alles überflüssig Perfekte
weg genommen wird, ist es wirklich perfekt.
    D.h. Perfektion im eigentlichen Sinne ist nicht nur
uninteressant, sondern schadet dadurch, dass es unnötig
Energie bindet.

Worum es geht, ist das richtige Maß an Unperfektion zu
erzeugen. Beispiel: Michelangelos Sixtinische Kapelle. Er
wusste genau, wo in seinem genialen Deckenfresko er
großzügig sein konnte, so dass es von Unten betrachtet
perfekt aussieht.

Um diese Art von Perfektion zu erreichen, braucht es mindestens ein halbes Leben.

Business Artisten sind deshalb bereit lange an der Perfektion des Unperfekten zu arbeiten um schließlich die Unperfektion als Perfektion präsentieren zu können.

Erkenntnis

Erkenntnis ist nicht zu verwechseln mit Beurteilung.

Beurteilung ist die Falle des Wissenden, Erkenntnis der Lohn des Beobachters.

Business Artisten lesen und verschlingen alles, was sie neugierig macht. Sie sind ständig auf der Jagd nach Neuigkeiten, nicht nur in ihrem Fachgebiet. Sie geben ständig alles, was sie Neues gesammelt haben, weiter, dadurch verteilt es sich und sie werden zu einer wichtigen Ressource für Neuigkeiten in ihrem Umfeld.
Wenn man sich mit ihnen unterhält, hat man immer etwas davon.
Außerdem sorgen sie immer dafür, dass es auch noch Spaß macht und unterhaltsam ist, mit ihnen zusammen zu sein. Deshalb sind sie unwiderstehliche Magneten.

„The bloody ugly truth"
„Die blutige hässliche Wahrheit"

Die Welt ist nicht wie Sie sie wollen. Genießen Sie sie wie sie ist und Sie bekommen was Ihnen zusteht. Das wird mehr sein, als Sie erwarten, sowohl im positiven als auch im negativen Sinne. Also seien Sie auf alles vorbereitet.

Genialität

Die eigene Genialität ist für alle immer normal, und wenn sie daran erinnert oder darauf hingewiesen werden, winken sie ab.

Seit unserer frühesten Erinnerung kennen wir besondere Fähigkeiten und haben uns daran so gewöhnt, dass sie uns als völlig normal erscheinen.

Auch wenn wir unsere Genialität inzwischen verstecken oder verbergen oder aus Unachtsamkeit nicht leben und nutzen, ist sie jederzeit verfügbar.

Wenn wir diesen Schatz wieder bergen und akzeptieren können, worin unsere Genialität besteht, dann können wir unser Leben danach ausrichten.

Wenn wir unsere Genialität zur Verfügung stellen, machen wir uns und unsere Umgebung damit glücklich.

Positive Ausstrahlung

Positive Ausstrahlung ist geprägt von Herzlichkeit, Humor und Leidenschaft.

Eine kontinuierlich gute Ausstrahlung zu haben braucht Meisterschaft. Daran zu arbeiten lohnt sich, denn positive Nebeneffekte davon sind:

Starkes Selbstbewusstsein, Offenheit, hoch entwickelter Humor und Wachheit.

Um eine dauerhaft gute Ausstrahlung zu haben, ist es notwendig ein starkes Selbstbewusstsein zu haben, eine humorvolle Haltung in jeder Situation zu entwickeln und ständig präsent und wach zu sein.

Meinungen sind überflüssig und haben kein Gewicht, sie werden eher als notwendige Begleiterscheinung erlebt.
Ein Mensch mit guter Ausstrahlung legt keinen Wert auf Meinungen oder ist gar stolz auf seine Meinungen.
Er lebt stattdessen in ständiger Neugier auf das, was ihn umgibt.
Diese Haltung sollte allerdings diszipliniert, aufrecht erhalten werden.

Arnold Schwarzenegger schreibt, dass er in jedem Körper Mr. Universum hätte werden können, denn es komme *nur* auf die Ausstrahlung an.

Die positive Ausstrahlung sorgt für die äußere Erscheinung, das Besondere, das Charisma und die Sympathie.

Aus dieser selbstbewussten, positiven Haltung herauszufallen ist kein Problem, wenn ich es sofort merke, mit Humor darauf reagiere und darauf verzichte mich zu ärgern.

SCHOCK

Ein heilsamer Schock macht sensibel und wach. Er stimuliert gleichzeitig die Überlebenskräfte.

Deshalb wird jedes Projekt und jedes Unternehmen immer wieder heilsame Schocks erleben. Dadurch wird es stark, gewinnt an Energie und Fahrt.

Schockerlebnisse verankern auch Erfahrungen, die während des Erlebnisses gemacht werden, dauerhaft im Körper. Dies ist der beste und wertvollste Speicher.

Als Kinder lieben wir die Überraschung, den Schock, es war für uns normal, dadurch zu lernen. Unser ganzes Lernen durch Fehler und Pannen wird von Schocks begleitet und spannend gemacht.

Die Neugier auf das Neue wächst dadurch und erlaubt es, die Welt kennenzulernen und auszuprobieren.

Dann lernen wir das Konzept von Angst. Dieser geschockte Wachzustand, den wir als Kinder liebten, wird jetzt als gefährlich und zu vermeiden interpretiert. Wir lernen dieses Gefühl als Angst zu interpretieren und lernen Angst davor zu haben.

„Wo die Angst ist, geht's lang."

Mit diesem Motto ist es möglich das Gefühl der Angst wieder positiv zu interpretieren und genau dieses Gefühl zum Motor des eigenen Handelns zu machen. Nur dahinter ist Innovation möglich. Die Neugier kann wieder unbändig werden und das gesamte Leben prägen. Aufregung, Angst, Abenteuer, Schock aus diesen Zutaten, die ein echter Business Artist liebt entstehen seine Erfolge.

68 SCHOCK

Timing

Timing statt Lösung

Peter bezieht eine neue Wohnung,
besonders gefällt ihm die Doppelgarage mit
automatischer Toranlage.

Am ersten Tag, als er sein Auto in der Garage
parkt, versucht er die automatische Toranlage zu
aktivieren. Nach mehreren Versuchen gelingt es ihm,
sie manuell zu steuern.

Für diese Anlage gibt es allerdings auch eine
Fernbedienung, so dass es möglich sein müsste, die
Anlage auch vom Auto aus zu bedienen. Als Peter die
Fernbedienung in Betrieb nehmen will, funktioniert
sie nicht.

Er entnimmt die Batterien, um diese auf
Spannung zu testen. Nachdem er festgestellt hat, dass
die Batterien genügend Spannung haben, ist klar, dass
etwas anderes kaputt sein muss.

Da es aber gut möglich ist die elektrische
Toranlage auch manuell zu bedienen, lässt Peter die
Sache erst einmal auf sich beruhen.

Ein paar Tage später meint seine Frau, er solle
die Batterien der Fernbedienung wechseln, weil diese
anscheinend leer seien. Bevor Peter ihr lang erklärt,
dass er die Batterien schon auf Spannung getestet hat,
wechselt er sie einfach aus. Die intakten Batterien
werden also durch neue Batterien ersetzt. Als Peter
jetzt die Fernbedienung einsetzt, funktioniert sie
plötzlich einwandfrei.

Peter erzählt mir diese Geschichte als Beispiel für das richtige Timing.

Als er dachte, er müsse das Problem „nicht funktionierende Fernsteuerung" lösen, war es ihm trotz vernünftiger Analyse nicht möglich.

Dadurch, dass er sich nicht darauf versteift hat, sondern die Sache erst einmal auf sich beruhen ließ, weil in diesem Moment die einfachste Lösung die Nutzung der manuellen Bedienung darstellte, war es ihm möglich das Problem wirklich loszulassen.

Typisch für gutes Timing ist, dass der Anstoß, sich wieder mit dem Problem zu befassen von einer außenstehenden Person kam. Seine Frau wusste nichts von der verfahrenen Situation.

Peter konnte aber jetzt diesem neuen Impuls von außen nachgeben, statt besserwisserisch auf seinen erfolglosen Lösungsversuch hinzuweisen. Er hätte auch darauf bestehen können, dass das Auswechseln der Batterien nicht die Lösung könne, da die alten Batterien ja nachweislich intakt waren. Dadurch hätte er die Zuversicht seiner Frau gestoppt und der Status Quo wäre beibehalten worden, eine Lösung wäre nicht möglich gewesen.

Das Nachgeben und das Aufnehmen des Impulses von außen macht es ihm möglich, sich mit der Realität zu verbinden und der Meinung seiner Frau, dass es gar kein Problem gibt, zum Durchbruch zu verhelfen.

Durch unseren wohl trainierten Verstand werden wir immer wieder dazu verleitet, Lösungen erzwingen zu wollen.

Die Sucht nach Analyse und die Versuchung, daraus auch gleich Lösungen abzuleiten, verhindern oftmals das Einklinken in das richtige Timing.

Timing braucht Wachheit und Aufmerksamkeit nach außen, weg von der eigenen Fähigkeit und Intelligenz. Die Lösung kommt von außen. Die Realität ist zu komplex um sie verstehen, geschweige denn kontrollieren zu können.
Selbst die einfachsten Gegebenheiten sind kompliziert genug, um sich unserer Kontrolle zu unterwerfen.

Schlechte Laune, Zeitdruck, finanzieller Druck und Ärger , aber auch Stolz, Überheblichkeit und übermäßige Egozentrik sorgen für den Verlust des Realitätsbezugs.

Die Verbindung zur Realität wird unterbrochen, das allgemeine, universelle Wissen kann nicht genutzt werden.
Sobald wir denken, sind wir entkoppelt und nur mit unserem Denken beschäftigt. Die meiste Zeit sind wir mit Meinungen, Mutmaßungen, Sorgen und Interpretationen über die Wirklichkeit beschäftigt.

Oft entwickeln wir lieber Theorien, Modelle und Konzepte über die Wirklichkeit, als uns mit ihr auseinanderzusetzen.
Auseinandersetzung heißt, das Wagnis einzugehen die Realität als nicht kontrollierbar zu erleben und ihr ausgeliefert zu sein, sie eben nicht manipulieren zu können.

Dieses Wagnis tagtäglich einzugehen und sich der ungeschminkten Realität zu stellen, sich ihr mit allen wachen Sinnen auszuliefern, erfordert Mut.
Die momentane Unsicherheit oder Unkontrollierbarkeit auszuhalten und die Fähigkeit, angesichts dieser scheinbaren Unklarheit Ruhe zu bewahren, entscheidet darüber, ob wir erfolgreich und glücklich werden.

Glück ist immer nur in Momenten der Vollkommenheit möglich. Diese Momente erfordern eine Verbundenheit mit der Realität, die in sich immer vollkommen ist.
Das Erlebnis dieser Vollkommenheit und die sinnliche Wahrnehmung derselben führen dazu, sich einzuklinken und in der Vollkommenheit schwimmend diese zu genießen.

Je öfter es gelingt, diese Höhepunkte zu erleben desto einfacher wird es sich in die Realität immer wieder neu einzuklinken und dem Gefängnis des eigenen Wissens und der eigenen Intelligenz zu entrinnen.

Durch den einfachen Zugang zu jeglichem verfügbaren Wissen entsteht das Problem, dass wir genau darin versinken und die Realitäten, die uns umgeben, nicht mehr wahrnehmen. Die Abkapselung schreitet unmerklich voran, weil das vermehrte Wissen und die Attraktionen scheinbarer Realitäten uns befriedigen und in Atem halten.

Die gleichzeitige Abstumpfung der Sinne sorgt dafür, dass die Realität immer mehr durch eine virtuelle Realität, die nur noch in unseren Köpfen existiert, abgelöst wird.

Die scheinbare, gedachte Realität existiert nur in unseren Köpfen und wir können nicht mehr wahrnehmen, dass unsere Körper auf Autopilot geschaltet sind und in alltäglichen Routinen dahin vegetieren.

Die fiktive Realiät wird gefüttert und zur Legitimierung übergeordneter Machtinteressen eingesetzt.

Ein ruhig gestelltes und mit „Brot und Spielen" abgelenktes Volk ist leicht zu regieren. Die Machtinhaber seitens der Politik und der Wirtschaft können sich in den Schlafmodus größtmöglicher Nichtverantwortlichkeit begeben.

Deshalb ist Vorsicht geboten, wenn wir uns erlauben, das Gefängnis in unserem Kopf zu verlassen und uns in die Welt der sinnlichen Realität zu begeben.

Gute Erziehung, Moral, Tradition, Religion, all dies sind seit Jahrhunderten ausgeprägte Instrumente der Unterdrückung.
Sie dienen dazu, uns guten Gewissens in die Elfenbeintürme der Intelligenz des Wissens und der Theorie zurückzuziehen und in den Dämmerzustand romantischen Glücksgefühls hinab zu gleiten.
Der Mangel an sinnlichem Stimulans lässt uns schließlich soweit abstumpfen, dass wir die Abwesenheit jeglicher Realität nicht vermissen, im Gegenteil sogar Angst bekommen, wenn sie uns unerhofft einholt oder konfrontiert.
Das klingt zu sehr nach Verschwörungtheorie? So spektakulär ist es nun auch wieder nicht.

Beweise gefällig?

Kein Problem:

Sex ist tabu, zuviel Lachen ist verdächtig, Orgien sind nicht vertretbar. Echte sinnliche Genüsse werden nur kontrolliert erlaubt und in kleinen Portionen.
Zonen der unkontrollierbaren Genüsse müssen am Rande der Legalität unsichtbar bleiben und sind politisch und moralisch höchst unkorrekt. Diese Isolierung erstreckt sich bis in die intimsten Zonen zwischenmenschlicher Beziehungen.
In welcher Zweierbeziehung gibt es keine Tabus? Sind alle denkbaren Genüsse erlaubt? Wir halten uns gegenseitig in Schach.

73 Timing

Da es mir nicht möglich ist, ungezügelte Freuden zu genießen werde ich verhindern, dass mein Partner/meine Partnerin in den Genuss derselben kommt.

Aus dem Leitsatz „Was du nicht willst, das man dir tut, das füg auch keinem andern zu" wird der Umkehrschluss gezogen:

„Was du dir wünschst und nicht bekommst, das sollst du auch keinem anderen zukommen lassen."

Wer aus diesem Konsens ausbricht, muss mit härtestem Widerstand in seiner nächsten Umgebung rechnen. Diese kann einen Ausbruch nicht dulden, weil sonst die fest gemauerten Tabus in Frage gestellt werden und zu allgemeinem Chaos, sprich Anarchie führen.

Die Konfrontation der aufbrechenden Realitäten ist für dahindämmernde Individuen höchst unbequem und auch gefährlich. Ein interessantes Thema, bei dem wir sofort konfrontiert werden, ist wieder einmal die Sexualität.

Klaus erzählt mir hinter vorgehaltener Hand:

„Unsere Tochter ist lesbisch. Nachdem sie es schon eine Weile wusste, hat sie es uns neulich gesagt.

Dieser eine Satz: Ich bin lesbisch, hat auf einen Schlag unsere ganze heile Welt durcheinander gebracht.

Uns war gar nicht klar, wie sehr wir an dieser heilen Welt klebten.

Im nachhinein muss ich sagen, es war ein heilsamer Schock, der uns aufgeweckt hat und uns wieder neugierig auf die Realität gemacht hat.

Gleichzeitig ist mir klar geworden, wie stark wir das Thema Sex tabuisiert hatten. Von Kindesbeinen an lernte ich wegzusehen und wegzuhören, wenn es um Sex ging.
Die einzige Sexualität, die einigermaßen akzeptabel war, war die Heterosexualität in Verbindung mit Ehe.

Da wurde mir klar wie einschränkend diese Sicht auf die Sexualität ist. Sex geht nur zwischen Mann und Frau und nur bei fester Bindung auf Lebenszeit.

Wie soll da eigentlich Freude aufkommen? Wie soll ich da herausfinden, was ich wirklich mag?"

Hier wird deutlich, wie sehr wir durch Erziehung, vor allem auch durch religiöse Erziehung geprägt wurden, so dass wir in die vorgesehenen Schubladen passen.

Sämtliche moralischen Regeln wurden von Mutter Kirche aufgestellt, bereits vor Jahrhunderten. Wozu? Zum Wohle der Menschen?

Es gibt nur einen einleuchtenden Grund. Die Kirche war über Jahrhunderte die stärkste Macht. Ihr oberstes Ziel war, wie das bei jeder Machtstruktur zu beobachten ist: Machterhalt.

Aus diesem Blickwinkel betrachtet, macht das Ganze Sinn. Macht über Gefangene in klar sortierten Schubladen ist einfach zu erhalten.

Wie würde es mit sinnlichen, glücklichen Menschen aussehen? Die sind nicht zu bändigen.
Glückliche Menschen lassen sich nicht in Schubladen zwängen, sie werden unregierbar.

Das Paradox des Timings

Das Timing stimmt immer.

Das Timing ist immer das Timing und entspricht immer dem, wie es sein soll, nur unsere Meinung darüber, ob es stimmt oder nicht, lässt uns davon sprechen, dass das Timing stimmt oder nicht stimmt.

Timing lässt sich eigentlich nur beobachten und akzeptieren. Falsch gibt es hier nicht, es stimmt immer in sich. Die Welt ist immer im Einklang mit sich, ob wir wollen oder nicht.

Also ist die Frage eigentlich nur, ob wir uns hier einklinken wollen oder nicht. Wenn wir von Zeitdruck oder falschem Timing sprechen, meinen wir in Wirklichkeit, dass wir sauer darüber sind, dass sich die Welt nicht nach uns richtet, was sie aber gefälligst tun sollte. Ist das nicht lustig?

Timing ist wie das Wetter, wir können es nicht wirklich beeinflussen. Es ist genauso blödsinnig sich über das Wetter aufzuregen, wie über mangelnde Zeit. Mangelnde Zeit ist also kein Problem von Management, als das es oft bezeichnet und behandelt wird, sondern eine Frage der Wahrnehmung.

Den Zeitmangel gibt es ja nicht, sondern nur meine Meinung darüber, wie es zu sein hätte.

Statt dass ich meine Wahrnehmung auf die Frage richte, wie es zu dieser Meinung kommt, versuche ich durch entsprechende Aktionen oder Planung das Zeitproblem in den Griff zu bekommen.

Was nur funktionieren könnte, wenn sich alles nach meiner Auffassung richten würde und das wäre selbst in einer Diktatur kaum vorstellbar.

Wenn ich das durchschaut habe, muss ich es aber noch meinem Körper klar machen, der im so genannten Körpergedächtnis diese spezielle Auffassung von Zeit dauerhaft gespeichert hat.

Durch Herumhängen, Ausspannen, Faul sein bringe ich meinen Körper aus seinem erlernten Zeitgefühl heraus.

Je mehr Stress und Druck ich habe, desto länger braucht mein Körper eine Erholungsphase, um den ganzen gespeicherten Stress und Druck heraus zu bekommen. Er eicht sich sozusagen neu auf Null.

In der totalen Zeitlosigkeit liegt der Nullpunkt. Nur wenn diese Zeitlosigkeit tief empfunden wird, hat der Körper die Möglichkeit, sich neu darauf zu eichen.

Business Artisten erlauben sich deshalb in regelmäßigen Abständen abzuhängen und faul zu sein. Oder sie nutzen erzwungene Wartepausen genau dafür. Wenn wir nicht auf diese Effekte achten, sorgt unser Körper oder auch unsere Umgebung dafür, dass solche Wartephasen entstehen.

Wenn Sie also die Erfahrung machen, dass alles stockt und nicht vorwärts geht, kann es gut sein, dass das ein Hinweis darauf ist, dass eine solche Nullrunde ansteht.

77 Timing

Umgebung

Haushalt machen tut gut. Haushalt verbindet mich mit der
Realität, deshalb tut es gut. Realität erfahren und spüren
ist für uns total wichtig, nur dann können wir Erfolg
steuern. Nur dann haben wir Zugriff auf die Realität und
ihre universellen Kräfte.

Die Realität wird uns immer wieder einen kleinen
Schock versetzen. Denn sie holt uns aus unseren so
angenehmen und gemütlichen Gedanken heraus.

Gerade im Haushalt ist es deshalb gut möglich diesen
leichten oder auch schwereren Schock zu erleben.

Was, schon wieder der Müll voll? Oder: So ein Mist,
das Putzmittel ist aus, wie konnte das passieren?

Das gleiche gilt übrigens auch für die Buchhaltung
und die Finanzen. Wie hoch ist meine Integrität mir
gegenüber? Welchen Grad an Sauberkeit und Ordnung bin
ich bereit zu liefern? Wie viele Schocks halte ich aus? Wie
reagier ich darauf?

Wie schön meine Umgebung für mich sein muss, das zeigt
mir den Grad meiner Meisterschaft im Geschäft an.

Ich bin *nicht* bereit Kompromisse einzugehen, weder
im Geschäft noch im Haushalt, deshalb muss ich ab und zu
alles selber machen. Lebe ich mit anderen in einer
Haushaltsgemeinschaft, gehören diese zu meinem Team,
sie sind also indirekt auch mit meinem Geschäft
verbunden.

Es ist wichtig, dass dieses Team in der gleichen Liga
spielt wie ich. Zumindest Grund legend muss Einigkeit
über das Niveau der Ordnung und Sauberkeit herrschen
und dieses Niveau darf sich nicht zu sehr vom Niveau
meines Geschäftes unterscheiden.

„Zeige mir deine Umgebung und ich sage dir, wie es in deinem Inneren aussieht."

Diese Aussage macht deutlich, wie wichtig die Umgebung für unser Wohlbefinden, aber auch unseren geschäftlichen Erfolg ist.

Die private Umgebung ist genauso wie die Geschäftsumgebung prägend. Unsere Umgebung bestimmt viel stärker wie wir wahrnehmen, ob es uns gut geht oder schlecht, ob wir Stress empfinden oder Entspannung, gute Laune haben oder angespannt und nervös sind.

Das, was für die Umgebung gilt, gilt in gleichem Maße für die Menschen, mit denen wir zusammen sind.

Bewege ich mich in einem Umfeld, in dem es üblich ist zu nörgeln und schlechter Laune zu sein, werde ich mich mit der Zeit anpassen. Dies passiert vor allem, wenn ich nicht wahrnehme, was in meiner Umgebung vor sich geht. Wenn mir klar ist, dass ich mich als Schaf unter Wölfen befinde, kann ich darauf reagieren und mich verstellen, was verhindert, dass ich mich aus Versehen anpasse.

Im Großen und Ganzen können wir aber davon ausgehen, dass die Menschen, mit denen wir uns umgeben, bestimmen, wie wir selber sind.

Will ich also Erfolg haben, muss ich mit erfolgreichen Menschen zusammen sein.

Von Menschen, die den Misserfolg hinnehmen und sich ergeben, muss ich mich distanzieren, wenn ich nicht hinein gezogen werden möchte.

Viele meiner Coaching-Kunden kommen an diesen Punkt in ihrer Karriere. Sie müssen sich von lieb gewonnen Freunden, die auf ihren Erfolg mit Neid, Eifersucht oder Misstrauen reagieren, trennen.

Meine Regel ist: Jeder Mensch in meiner Umgebung bekommt eine zweite Chance, wird diese aber nicht genutzt, wird er aussortiert.

Die meisten dieser Beziehungen lösen sich auf, sobald ich keine Energie mehr hinein gebe.

Manchmal ist es aber auch notwendig, durch eine klare und direkte Auseinandersetzung die Unterschiede in den Wertvorstellungen deutlich zu machen.

Durch mein Leben und Arbeiten an zwei verschiedenen Orten gleichzeitig konnte ich eine interessante Beobachtung machen.

Der schnelle Wechsel zwischen den Orten lässt mich in keiner der Umgebungen so lange sein, dass Menschen, die nicht ähnlich flexibel und schnell sind, Zugang zu mir bekommen.

Das heißt, dass automatisch eine Vorauswahl getroffen wird und nur die, die ähnliche Werte schätzen wie ich, in Verbindung mit mir kommen können.

Auf der anderen Seite habe ich die Möglichkeit, in aller Ruhe Verbindung zu den Menschen aufzubauen, mit denen ich zusammen arbeiten will. Dadurch, dass ich sozusagen ständig abhaue, kann mich niemand mehr so einfach einfangen und für seine Interessen nutzen.

Wie kann ich den oder die für meine Interessen einspannen? Das ist die Frage, die uns, wenn wir ehrlich sind, eigentlich ständig durch den Kopf geht.

Selber wollen wir uns aber meistens nicht vor irgendeinen Wagen spannen lassen. Nur in ganz bestimmten Fällen, wo es für uns ebenfalls Sinn macht, sind wir dazu bereit.

Ordnung ist Schönheit

Beim Saubermachen und Aufräumen geht es mehr um Ästhetik und Schönheit, als um Hygiene. Wenn alles in ästhetischer Art und Weise angeordnet ist, entsteht ein Glanz, der inspiriert.

Die Energie steigt.

Hygiene haben wir normalerweise eher genug. Sie alleine ist nicht sichtbar und entfaltet deshalb nicht dieselbe Wirkung wie das Zusammenspiel von Ordnung und Schönheit.

Ordnung und Klarheit in der Umgebung schafft Ordnung und Klarheit im Kopf und im Körper.

Business Artisten haben das ganze Jahr Ferien

Verkaufen

- eines der schönsten und wichtigsten Kapitel in diesem Buch

Mein Lieblingsthema, ich gebe es gerne zu.

Es hat wirklich Jahre gedauert, bis ich erkannt habe, dass ich dieses Thema liebe und dann hat es noch einmal Jahre gedauert, bis ich bereit war es öffentlich zuzugeben.
Als Künstler war mir schnell klar geworden, dass das Thema Verkaufen gemieden wird.
Selbst Galeristen, so hieß es, müssen die Kunst mehr lieben, als das Geschäft damit.

Ich sage: erst wenn ich bereit bin etwas gerne zu verkaufen, erst dann liebe ich es wirklich.

Verkaufen ist hat mit mehr mit Liebe zu tun als uns vielleicht recht ist.

Traue ich mich noch nicht ein bestimmtes Produkt zu verkaufen, dann liebe ich es noch nicht genug.
Es ist unanständig Verkaufen zu lieben, erst seit mir das klar ist, liebe ich es.

Unanständiges war schon immer das Interessanteste.

Wenn Verkaufen also so viel mit Liebe zu tun hat, warum fällte es uns dann so schwer es zu lieben?

Ganz einfach weil wir es verlernt haben und dafür anderes gelernt haben.

Business Artisten haben jeden Tag Geburtstag

Zum Beispiel: „Beim Geld hört die Freundschaft auf"

Weiter habe ich gelernt: Als Verkäufer muss ich seriös und professionell sein. Beim Verkaufen hört der Spaß aber endgültig auf.

In Wirklichkeit aber wollen wir doch nur eins: Spaß und Freude jeden Tag.

Niemand traut sich, alleine an diesem Punkt aus den erlernten Mustern auszubrechen.

Bei kleinen Summen, da kann man ja noch lachen, aber wenn es um Tausende geht, hören der Spaß und die Leichtigkeit wirklich auf. Wäre es nicht schöner mit Spaß und Leichtigkeit auch große Summen auszugeben und einzunehmen?

Erst wenn ich bereit bin große Summen auszugeben, dann kann ich große Summen einnehmen. Deshalb kaufen Business Artisten gerne großzügig und qualitätsbewusst ein und genießen Sie es.

Verkaufen und Verführung

Verkaufen ist Verführung und führt zu Führung. Verführung sorgt für Verbindung und Aufmerksamkeit. Hieraus kann Neugier entstehen. Es ist ein Spiel, bei dem es um Aufmerksamkeit und Anziehung geht.

Körper, Stimme, Bewegung werden eingesetzt, um den Augenblick zu inszenieren.

Die Verbindung, die daraus entsteht, ermöglicht tiefes Vertrauen und gegenseitigen Respekt.

Diese Situation darf aber niemals missbraucht werden, sonst ist das Vertrauen für immer dahin.

Manipulation

Manipulation fängt dann an, wenn eine der beteiligten Personen die Situation ausschließlich zum eigenen Nutzen missbraucht.

Aus Verführung muss deshalb Führung auf beiden Seiten werden. Der Verkäufer führt den Kunden durch den Verkaufsprozess zu einem mutigen und befriedigenden Abschluss.

Der Kunde kann Verantwortung für sein Leben, seine Wünsche und Bedürfnisse übernehmen. Beide, Kunde und Verkäufer, gehen als Sieger aus dem Spiel hervor.

Nur Gewinner sollten herauskommen, dann macht es Spaß im Verkauf zu sein und große Geschäfte zu tätigen.

Deshalb ist es aber wirklich wichtig, sich im richtigen Moment auch zu trauen, den Abschluss einzuleiten.

Wenn die entdeckte Lust auf etwas bestimmtes nicht befriedigt wird, entsteht Ärger.

Wenn Sie sich nicht trauen, bis zum Abschluss zu kommen, dürfen Sie nicht mit Verkaufen beginnen. Beobachten Sie Ihre potentiellen Kunden und überlegen Sie, ob Sie mit ihnen wirklich Geschäfte machen wollen.

„Heiß machen und kalt stehen lassen ist gemein"

Business Artisten arbeiten nie

Business Artisten feiern Erfolge und Misserfolge

Das Nein

Sammeln Sie Neins, jedes Nein bringt Sie dem nächsten Ja näher.

Fangen Sie an, die Neins zu lieben und zu nutzen. Wenn jemand sein Nein loswerden konnte, wird er oft viel redseliger und öffnet sich dann erst richtig.

Manche verraten dann genau, wie ihnen etwas verkauft werden soll. Nach dem Nein macht sich Entspannung breit, die man nutzen kann, um wertvolle Informationen zu bekommen.

Wenn es um eine größere Geschichte geht, müssen die meisten Menschen durch mehrere Neins hindurch gewonnen werden. Das erste Nein dient meistens nur dazu, Zeit zu gewinnen. Das zweite Nein ist oft ein Test, wie ist die Reaktion auf das Nein. Wenn bei uns die Energie steigt, je mehr Neins wir sammeln, werden die Menschen sehr, sehr neugierig.

Das bringt uns Respekt und Vertrauen ein. Wichtig dabei ist aber, dass ich jedes Nein auch vollkommen akzeptiere und nehme.

Das berühmte „Sie haben vollkommen Recht **aber** ...“ funktioniert deshalb nicht, weil wir das Nein nicht vollkommen akzeptieren.

Dadurch verlieren wir das gerade erwachte Vertrauen.

BUSINESS ARTISTEN DEEEHNEN DAS WOCHENENDE AUF DIE GANZE WOCHE AUS

85 Verkaufen

Zustimmung, Zuwendung und andere Märchen

Wenn ich nur an Menschen verkaufe, die mir zustimmen, verzichte ich auf viele gute Kunden. Das war für mich eine harte Lektion.

Meine Vorstellung war, nur wem meine Kunst so gut gefällt, dass er bereit ist dafür Geld auszugeben, nur dem werde ich verkaufen können.

Als ich in Galerien beobachten konnte, dass das fast nie passiert, war mir klar, so kann es nicht gehen.

Nein, ich muss bereit sein, auf Menschen zuzugehen, mich auf sie einzulassen, selbst wenn sie mir erst einmal nicht zustimmen und nicht gleicher Meinung sind wie ich.

Wenn ich das nicht mache, muss ich mich mit den wenigen begnügen, die zufällig auf meiner Wellenlänge sind.

Wenn ich mich aber nur darauf verlasse, kann ich wirklich nicht gut davon leben. „Brotlose Kunst" ist dann das Ergebnis.

Business Artisten lieben Innovationen

Mein Kunde muss mir eben nicht zustimmen.

Die meisten Menschen sind nicht sehr daran interessiert nur zuzuhören und die eigenen Meinungen zu ignorieren.

Oft muss ich deshalb seinen Widerspruch erst akzeptieren, so dass der Kunde weiß, er darf Recht behalten.

Trotzdem hat das von mir Gesagte, wenn es engagiert vorgetragen wurde, Wirkung. Manches muss eben langsam einsickern, bis es wirkt.

Wenn ich rechthaberisch bin, selbst wenn es im Interesse meines Kunden ist, werde ich ihn verlieren.

Meine Begeisterung und mein Engagement werden überzeugen und nicht die Argumente.

Business Artisten hassen zu viele Regeln

Wenn es um so genannte „heiße Eisen" geht, bei denen viel Ärger in der Luft ist, muss der Kunde erst einmal sehr viel Recht bekommen, um sich zu beruhigen oder auch abzureagieren.

Das gilt vor allem bei Reklamationen. Nehmen Sie die Reklamation immer persönlich entgegen, selbst wenn Sie gar nichts dafür können.

Geben Sie dem Kunden bezüglich seiner Reklamation Recht.
Aus seiner Sicht hat er Recht, sonst würde er nicht reklamieren. Wir freuen uns immer, wenn wir etwas bekommen, so auch wenn wir Recht bekommen.

Es ist eine Art Beziehung, die es gilt zu schützen und zu erhalten.

Verkaufen hat mehr mit Liebe, Leidenschaft und Sinnlichkeit zu tun, als mit irgendetwas anderem.

Deshalb gilt es den eigenen Stil zu finden.

Dann können Sie Anziehung erzeugen und auf natürliche Art und Weise verkaufen, selbst an Menschen die Ihnen zunächst nicht zugestimmt haben, sondern ihren eigenen Kopf haben.

BUSINESS ARTISTEN

HALTEN ALLES IM FLUSS

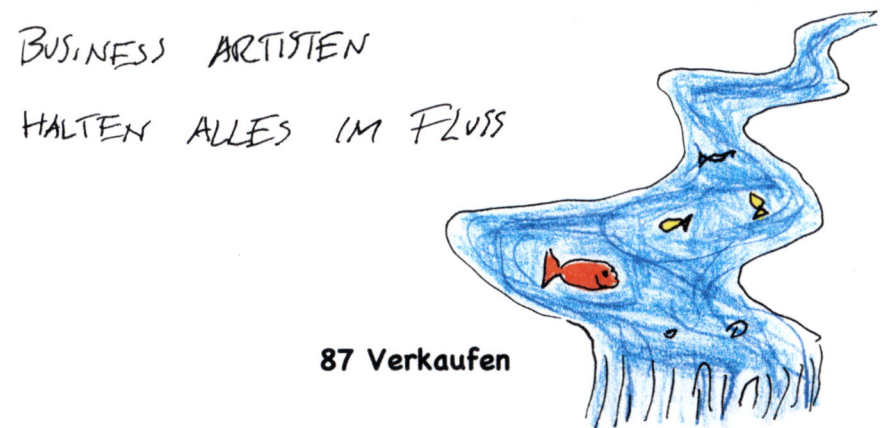

87 Verkaufen

Bedürfnisse wecken ist Manipulation!

Bedürfnisse wecken wird uns oft im Zusammenhang mit Verkaufen als die Verkaufstaktik verkauft.

Niemand will ein Bedürfnis geweckt bekommen. Das ist Manipulation auf hohem Niveau, es verärgert Menschen und zerstört das Vertrauen.

Menschen brauchen andere Menschen, um verdeckte, vergrabene und verdrängte Bedürfnisse zu entdecken und aufzudecken. Aber dafür muss schon Vertrauen aufgebaut worden sein. Der andere Mensch muss auf irgendeine Art gezeigt haben, dass er es mag über verborgene Wünsche, Bedürfnisse, etc. zu sprechen.

Falls dafür keine eindeutigen Signale vorhanden sind, ist es unangemessen, danach zu bohren.

Wenn es uns dann, nachdem das Vertrauen aufgebaut worden ist, gelingt, bei einem potentiellen Kunden ein tief liegendes Bedürfnis zu entdecken, ist das schon ein tolles Ergebnis.

Zunächst werden wir aber vorsichtigerweise die Entdeckung nur aufzeigen, um zu sehen wie die Person darauf reagiert.

Wenn sie positiv reagiert, hat sich die Arbeit gelohnt. Manche entdeckten Bedürfnisse brauchen aber noch Mut und Überwindung, um befriedigt werden zu können. Hier kann erhebliche Unterstützung gefordert sein.

Wenn wir auf diese Art aber auch noch dafür sorgen können, dass dieses Bedürfnis befriedigt wird, haben wir einen Kunden, der uns immer dankbar sein wird.

Dies erzeugt eine tiefe, lang anhaltende Verbindung und fast grenzenloses Vertrauen. So wird aus einem Interessenten ein glücklicher Dauerkunde, statt einem manipulierten, kurzfristig getäuschten Kunden.

Einwände

Einwände behandeln, Techniken um Einwände zu behandeln - ganze Bücher sind voll damit.

Das ist alles viel zu kompliziert, und wenn es kompliziert ist, heißt das, dass es schon manipulativ wird.

Wenn der Kunde Einwände vorbringen muss, statt einfach sagen zu können er will nicht, ist das Gespräch eh schon verfahren.

Wenn Sie jetzt noch daaran rum machen und mit Einwandtechniken kommen, können Sie nur alle Beteiligten verärgern.

Wenn Sie Spaß mit Ihrem Kunden haben und er mit Ihnen, wird er kaufen, sobald Sie ihm etwas bieten oder vermitteln, was er will.

Er kann aber auch aus freien Stücken ablehnen. Wenn Sie etwas anbieten, was er ablehnt, heißt das eigentlich nur, dass hier ein Missverständnis entstanden ist und beide Seiten müssten froh sein dieses aufgedeckt zu haben.

BUSINESS ARTISTEN LEBEN IHRE TRÄUME

Wenn Einwände kommen, heißt das der Kunde will einfach nicht und das ist alles. Die Einwände sind ihm dann immer noch wichtiger und wertvoller, als Ihr Angebot.

Nur wenn Sie neugierig bleiben und genügend Spaß mit dem Kunden haben kann es noch etwas werden

Wenn Sie selber nicht mehr neugierig sind, weil Sie merken, dass Sie nicht das Richtige zu bieten haben, dann ist es wichtig das zuzugeben und das Thema zu wechseln.

Wenn der potentielle Kunde aber wirklich eine Lösung will, geben Sie Ihr Bestes, um eine Lösung zu finden oder zu vermitteln.

Business Artisten bekommen was sie wollen

Aus zufriedenen Kunden können Dauerkunden und Kooperationspartner werden.

Es ist möglich, dass auf ganz natürliche Art und Weise ein Team entsteht. Dann ist es nicht mehr so wichtig, wer gerade Geld einnimmt und wer gerade Geld ausgibt. Die Hauptsache ist, dass es fließt.

Eine solche Verbindung wirkt nach außen und zieht weitere Interessenten an. Es wird für jeden einzelnen immer leichter, neue Beziehungen aufzubauen und potentielle Kunden anzuziehen.

Meine Idee ist ein Beziehungsgeflecht aus Business Artisten unterschiedlichster Art entstehen zu lassen, die egal, was passiert, sich gegenseitig inspirieren.

Sie fallen auf, weil viel gelacht wird und weil ständig etwas gefeiert wird. Spaß, Glück und Zufriedenheit zieht Kreise und steckt weitere Menschen an.

Haben Sie nicht auch Lust, auf diese Art und Weise Geschäfte zu machen?

BUSINESS ARTISTEN VERÄNDERN DIE WELT

Biografie

Ich bin freischaffender Künstler (Malerei) und Business-Coach, tätig in Deutschland und den USA. Nach verschiedenen Karrieren als Künstler, Komödiant und Pädagoge habe ich zusammen mit einem Finanzberater ein Verkaufsmodell, das inzwischen von hunderten von Freiberuflern unterschiedlichster Branchen geschätzt und genutzt wird, entwickelt.

1961 in Johannesburg Südafrika geboren, absolvierte ich nach einem Studium der Kunsterziehung und Geschichte eine private Ausbildung zum Business Coach. Neben meiner Tätigkeit als Künstler bin ich seit 15 Jahren in der Erwachsenenbildung tätig. Nachdem ich eigene Seminare zu den Themen Kreativität, Motivation, Karriere und Verkaufen erfunden habe konzentriert sich meine Coaching Arbeit inzwischen stark auf die Themen Persönlichkeitsentwicklung und Entwicklung individueller Stärken. Business Artisten fasst die Essenz meiner Arbeit mit mehr als 600 Teilnehmern und Kunden zusammen.

Referenzen

Ich habe nicht für Unternehmen wie Daimler Chrysler, Bosch, Apple etc. gearbeitet. Diese Lorbeeren habe ich nie verdient.

Die Referenzliste meiner Coaching-Kunden ist deshalb uninteressant, weil sie nur unbekannte Namen enthält. Darauf bin ich stolz.

Meine Passion ist es, aus Normalmenschen Business Artisten zu machen.

Falls es eine Firma bestehend aus Business Artisten geben sollte, oder eine solche entstehen sollte, bin ich gerne mit dabei.

Wenn Sie aufgrund der Lektüre dieses Buches, den Business Artisten in sich entdeckt haben, dann lassen Sie ihn frei.

Wenn Sie Fragen und Anregungen haben, melden Sie sich am Besten per email:

alexander@fluhrart.de oder sprechen Sie unter 0711 8495730 aufs Band, falls ich nicht live zu erreichen bin.

Werbung